玄門真宗

關聖帝君的救贖誓願

聖凡雙修的生活方式實踐策略

五常德教義

陳桂興 主編

序　現代五常德——生命底層的能量密碼

關帝文化是中華文化裏的英雄代表象徵，普受到五大洲的尊崇與信仰，在古今中外的聖賢神佛中，為唯獨能跨越各宗教領域的神祇，祂也有武財神的稱號，神威備受推崇。不僅得到民間百姓的敬仰，也受歷朝皇帝官方的敕封，其深植人心的崇隆地位可見一般。在台灣以祭祀關公為主神的廟宇高達五百家以上，而在大小宮廟院堂也常見受供奉其中，皆可看出關帝文化的興盛。

探究關帝文化的歷史發現，根據玉皇尊經的記載，關公在公元一八六四年被五教共同推舉，禪登玉皇大天尊玄靈高上帝，至今已一百五十多年，轄十方法界天地人域，行以正氣忠孝節義成神之本，掌令重整道盤之天責。因此親敕要建立屬於自己的教門，祈願能以具有關帝精神DNA特徵的，浩然正氣，尋回自己累世的緣生與門徒，讓近兩千多年的因緣得到皈依和歸宿。

在有形的人間社會，一個國家成立要素，有人民、土地、政府、主權、語言；在無形的法界國度一樣需要具足。而神不語，因此要靠人來傳承其精神，透過道場的修行與宣教，建立渡化眾生的方便法門。本教何其有幸地在號稱蓬萊仙島的台灣，被欽定開啟

服務眾生的引渡法場。

玄門真宗迄今已有二十五年的歷史，當初係秉承祖師爺-恩主關聖帝君救世救贖之願心而親臨降頒設立的教門，復於公元二〇〇三年向內政部註冊正式立教，是全台灣第二十六個合法宗教，以仁義禮智信五常德為教義理念，也是五方圓融法要的概念，實踐內外兼修的法沿；推廣聖凡雙修的生活方式；並頒敕皈依國度法界為無極大圓融天-圓融國度。一路從會聚賢才、道場設立、教門申請到總山門的建設，點點滴滴皆在恩主的安排中一步一腳印地進展著。

現今是一個嚴重失依的問題世代，之所以造成諸多社會問題、國家動盪與天災疫情，其實就是脫軌與少了一個可以依循的正確生活方式。其實在古往聖賢所著經書典藏中，都明示著寶貴的真理，但隨著時代的演進，在生活教育的不被注重下，逐漸脫序演出亂象與大自然的反撲，問題與災難隨之而來。

而今玄門真宗符應天時，積累千年道統文化法證的傳承，在關聖帝君與諸天神佛慈悲安排與旨敕下，是以完備固有文化傳承與現代生活觀的宗教法脈。透過聖凡雙修的方式，從日常生活得到改善，身心靈也能獲致安住與提升，透過修行進階超凡入聖、神人合一、天人合一，最終達到覆命皈旨。

「五常德」是蘊藏在人類生命本體中的根本密契，幾千年以來古哲聖賢以神聖的「倫常」指引著人的內在心性行為綱常，並蘊藏著外在真實生活的圓融法要，是生命當中最根本、最為重要而深入的一種生活指導。透過「五常課程」的生活方式，可使生活獲得最好的成就，得到快樂的法寶與源泉，能使生命獲得自在圓融並充滿生命的意義和價值，更是化解生命最內底裡的因緣業報殊勝密契。每一個人都是獨特唯一的，也就是說每個人的生命都有特別的方向軌跡，特別的能量根源……。因此，五常導師課程就是開啟您，蘊藏在生命底層的能量密碼、生命根源的一種生活方式，透過本課程學習可以成就人生目標、發掘天賦潛能、增進家庭和諧、事業財富、身體健康、人際關係…等的圓融成就。

聖凡雙修的生活方式，不但有理論、有方法，更有務實的經驗體證，近幾年為推廣五常德教義，更是持續舉辦多場大型學術論壇、扶鸞展演、座談演講、出版專書、公益慈善等教育性活動，廣邀各宗教領袖、教育學者、領域專家來共同參與。今年更與國立勤益科技大學產學合作，辦理聖凡雙修的生活方式實踐策略研討，邀請教授群們及台中市高國中小學校長31位參與研討，並收錄研討的心得與論述，出版關聖帝君的救贖誓願一書，希望關聖帝君的精神與教義能廣加落實，成為失依社會的一盞明燈。

而累積超過五千人次的動員，就是要為關聖帝君的教門廣開真正傳道、傳法的修行真機。需要更多的緣生與門徒來共同參與，只要有服務的願心，得證當下即是圓融國度、當下就是人間天堂。依循正確聖凡雙修的生活方式，一切皆得圓滿。期待尚在旅途中的您能回到這法界的家，共建皈依、有所歸宿的圓融國度。

玄門真宗　創教教尊　玄興

社會多元

價值觀混淆

家庭功能式微

導致生活嚴重失序，社會問題層出不窮……

尤其現在世紀災難疫情的發生

有的人生活在疫情中茁壯

有的人卻因疫情恐慌不安

有的人藉此得到了啟發改變

有的人卻衰敗的令人心驚

透過國立勤益大學的產學合作

邀請知名教授提出精闢的學研論述

期能透過學術討論、演講、展覽等活動

為尋求提供此一世代可依循實踐的生活方式

提供正確方法，再造一個安康幸福的社會

目錄

第一章 「仁」的實踐策略——追求法喜的身體健康

身體健康
仁
靜息
仁
時序
義
飲食
禮
運動
智
玄門真宗
信
任令時空
充滿法喜

「仁」的實踐策略——追求法喜的身體健康

宋孟遠
國立勤益科技大學體育室專任副教授兼體育室主任

摘要

我國古代有兩位地位非常崇高的人物，分別是孔子和關公。孔子作春秋而亂臣賊子懼，完成以言行為主的言論彙編－論語這部重要經典。關公也是許多人敬拜的偉人，講仁義，自衛衛國，千里尋兄不忘其本，所行所事足堪國人典範。這兩位文武聖人都愛做學問，都是有文武膽識者，也是「仁」之實行者。尤其他們所安息之處均稱為林，在我國唯此二人有此地位。

本文論仁的實踐，輔以西方體育教育觀點，印證孔子之「仁」為基本中心思想的教育觀及關聖帝君之「仁」的實踐者，來做一個本質性的論證。透過真實的直觀法、現象學的描繪法，以及詮釋法來進行研究，獲得以下五項結論：

一、仁的實踐，在於保守身體。孔子行仁、關帝行仁，要求的是將良好行為謹守實踐，不可因外在環境而找理由推拖遲延。用之推演到現代，就是要養成勤愛保護身體的習慣，多運動以養有用身體來服務人群。

二、義的實踐，建構良好人際關係。試看帝君之所為，忠於兄弟之義，成就桃園三結義。對朋友、對兄嫂之義，其義行名滿天下，流傳後世，受世人尊敬，是為人相待之典範。

三、關帝之禮，千里尋兄是對兄長敬愛感情的體現，對張飛更有兄弟手足之情，對兄嫂之禮，更是應對得宜，以上所行，都是一種家庭親情的表現。

四、關聖之智，充分提供吾人事業成功之表率。關羽獨守荊州，北拒曹操、東拒孫權。協助上司劉備，分析各種局勢，建立蜀漢基業。又勤於讀書，充實智能。

五、關羽之信，為後世精進修行之表率。關羽重諾然、守信用，和曹操約法三章是守信用，與兄長、同事同甘共苦是守信用。其所行，為釋教、道教教義所趨同的人生價值觀念，是宗教最強調「精進修行，方能得到無上智慧。」

通過仁的踐行，不但得到身心整合的健康，還得到無可名狀的法喜、諸如幸福感、和對象合一、類似天人合一的高妙經驗等放諸四海皆準的體驗。

關鍵字：仁、實踐策略、射藝御藝、法喜、經驗

壹、前言

一、身體的教育

體育是教育的重要一環，也是教育部規定教育不可分割的一部分，所以在各級學校都有體育課，體育是身體教育 (Physical Education) 的縮寫。因此體育雖然是個外來名詞，但是在有機體生長過程中，透過體育循序漸進薰習教化，可以培養國民身心的健康，使一個國民，成長為國家社會重要的公民，因此是政府極為重視教育內容之一。

二、孔子提出仁為體育教育的重要思想

孔子是古今中外最有名的教育家、哲學家和政治家。他提出「仁」而成為了一切孔門想的基礎，而「仁」又是很容易做到的，例如孔子說：我欲仁、斯仁至矣！而在儒家五常（五個重要的規範），仁又排名第一，可見仁的地位。此外孔子教化學生有教無類，主要的教材教法就是六藝：禮、樂、射、御、書、數。而射、御兩藝，很難說不是相當於寓教育於體育中。

三、關羽是仁的實踐典範

而孔子仁者無敵思想的實踐者，和孔門仁、義、禮、智、信的踐行者，則非關羽莫屬，因此文聖孔子，武聖關羽，不但是實至名歸的人類典範，更進入神格化成為人類精神層面思想保佑者。由此可見，體育的規範，和孔子以「仁」為中心思想的行入式的教育，其實有許多共同點值得推演參考。

四、經驗與法喜經驗

法喜類似人本心理學家馬斯洛提出的高峰經驗，宗教法喜不是外面境界刺激來的，是從內心裡面自然流露出來。法喜當然有淺深不同，隨著當事者的功夫、境界不同，法喜的程度也不相同。不止是學佛修道之人，世間法理也有法喜，心清淨就有法喜。孔子說「學而時習之，不亦說（悅）乎。」悅，就是法喜。薰習教化而學習得越深入，體會到那種無可名狀的境界，就自然充滿法喜。

五、本研究之研究方法：

本研究試以「以如入如的直觀法」、「詮釋法」、「胡賽爾現象學描繪法」作為研究工具，如此可將東西方兩大思想，交會在本文中。

六、本研究之結構

本文在第貳、參部分對孔子作一簡單但重要的紹述，以及對孔子「仁」的思想和教育中的體育教育方式提出結構式的推演論證，同時強調身心健康和行為規範。在這一部分將同時對關羽作深入描述，使孔子和關羽成並列方式研究論證，如此研究更為信而可徵。

第肆部份要將來自西方的體育做一個本質性描述。至於法喜為一不易描述的超高境界。研究者試著以條列法將其描繪在第伍部分。第陸部分做一個精要的結論。

貳、孔子說仁與關聖行仁

一、孔子的偉大

（一）對千古偉人－孔子之基本認識

孔子是古今中外人類中最閃亮的具體人物，有關他的一切，都信而可徵，絲毫沒有一絲神話的存在。他的父親是個武將，他自己也有九米六身高，可以單手舉起城門門槓。

他的四代祖是宋國的大司馬（即掌握軍權的大將軍），因為宮中內鬥舉家逃到魯國，所以他有很好的家世背景，武藝也是代代相傳，因此周遊列國在安全和體能上不是問題。也因此能將善知識傳遍各國，這是何等的可貴，簡直是老天爺送給人類最佳的禮物。

（二）孔子環境背景

孔子出生於魯國，周朝時期重視禮，當時的魯國在邊疆地區，是挺複雜的。但因為孔子是魯國人，故有所謂魯在春秋時為周文化重鎮，時人曾有「周禮盡在魯矣」，魯又在周的東邊，魯國的最東邊和朝鮮人日本人混在一起，我們稱之為東夷，是另一種思想而非中原思想，孔子就在這個環境中成長的。所以孔子就是在當時許多國家 (states) 各種不同的文化背景下集大成而成長的。這些國家、彼此之間攻伐不斷，遠交近攻無所不用其極，因此如何建立一個強國是當時各國最重視之事。

此與同一時期歐洲各國征戰不斷一般。這些中原國家基本上都是周文王的後代分封各地，數百年後早就不當一家人，因此孔子非常重視仁、禮，故有「爾愛其羊、吾愛其禮」之語：每年一次的以羊祭祀的周朝大典，各國君來參加，讓各國君知道；原來彼此有相同祖先，都是周室血脈。孔子又提出「克己復禮為仁」，並以仁教化，當時有許多國君或王公大臣均為他的學生，這對周王室延綿下去有一定的貢獻。

（三）仁的普遍性

孔子認為「仁」具有普遍性，因此人人生而得就。所以他說：「我欲仁，斯仁至矣」。可見仁不是一個形而上者的道，而是一個形而下者的可用之器－人人均可以實踐。依據王邦雄教授的說法，「仁」乃是一種內在良知的呼喚，也是一切向上的動力，更是孔子所謂做人依循的憑藉。

（四）仁的親人本性

孔子認為，仁是可親的，是一種可貴的價值感，故有曰：求仁而得仁，又何怨？（述而）此乃孔子與弟子冉有，討論伯夷、叔齊因尊父命讓天子，後因恥食周粟，而餓死於其隱居之首陽山一事。孔子認為伯夷以父命為尊，叔齊以天倫為重，二人皆求合乎天理之正，而即乎人心之安，而各得其志焉，可謂死得其所，何怨之有？這也說明了仁者為了堅持理想，縱然一死也無怨無悔。又云：仁遠乎哉？我欲仁，斯仁至矣。（述而）

孔子認為：仁者，乃心之德，非在外也，而人們常不內求，反而向外求之，其實「仁」豈遠哉？只要有心去做，仁就在人們自己的心中，隨時等著你的召喚。又曰：若聖與仁，則吾豈敢？抑為之不厭，誨人不倦，則可謂云爾已矣。（述而）此乃由於孔子之仁德有目共睹，因此有人稱其為「聖且仁者」，但孔子並不敢以此自居，他認為：聖者，大而化之。仁者，心德之全而人道之備也，故謙稱：「君子道者三，我無能焉：仁者不憂，知者不惑，勇者不懼。」（憲問）。

這裡可以見到兩個命題：其一，因為對仁的實踐，使一個做老師的教學不厭、誨悟學生不倦，這和體育老師做的沒有兩樣，也是身體教育（體育）之所重；其二，亦可見孔子對於「仁者」的標準相當高，他不以「仁者」自居，僅以學習聖賢之「仁」為己志，雖教導弟子去實踐仁德，也只能算是「學而不厭，誨人不倦」的人而已。對於他最為稱許「不遷怒，不貳過」（雍也）的顏回，在孔子眼裡也只能算是「三月不違仁」。而其餘諸子則是「日月至焉而已矣」（雍也）。

事實上在體育教育的領域裡，許多時候是要求學生或選手亦要謹守不遷怒、不貳過。我們甚至可以在電視上看到，遇到犯過，當即在全球眾目睽睽下嚴予要求給予奪權處分，甚至他的老師，也要一併受到驅逐的處分。這種嚴厲規範、當時刻銘記在心，不敢或忘，讓當事者根本不敢有過，遑論二過。

以上所述，仁雖然是一個極高的標準，但是落到實踐面，並不難做到，所謂三月不違仁、日常謹守之、顛沛必如是、造次必如是，經過體育老師的薰習教化，要做到仁的踐行，確實是一個可行的事實。由此可見，仁雖然是一個崇高的標的，但是卻很親人，所以仁遠乎哉，我欲仁、斯仁至矣。

二、關聖的偉大

（一）關羽背景描述

關羽，世人愛稱其為武聖關羽，更受人尊敬而尊奉為武聖帝君。關羽（公元160年—220年），字雲長，本字長生，司隸河東解良人（今山西省運城市），生於東漢桓帝延熹年間，漢末三國時劉備的主要親信和將領。與張飛並稱「萬人敵」。建安四年（199年），受封漢壽亭侯。赤壁之戰後，劉備助東吳周瑜攻打南郡曹仁，遣關羽絕北道，阻擋曹操援軍，曹仁退走。後來劉備入益州，關羽留守荊州。建安二十四年（219年），關羽圍襄樊二城，曹操派于禁前來增援，關羽擒獲于禁，斬殺龐德，曹操一度想遷許都以避其銳。後曹操派徐晃前來增援，而東吳背盟，遣陸遜、呂蒙偷襲荊州，關羽腹背受敵，兵敗被殺。景耀三年（260年），蜀漢後主劉禪追諡壯繆侯。

（二）與孔子齊名之聖人

1. 武聖關公

關羽最為特殊之處是由於他喜歡看春秋經，而倍受中華文化推崇。並被作為神祇膜拜，產生關羽信仰，並傳至日本、朝鮮、越南（交趾）、琉球等漢字文化圈國家。由於他體現了春秋經的捍衛正統的忠義勇武的形象，多被民眾尊稱為關公、關老爺，又多次被後代帝王褒封，直至武聖，與「文聖」孔子齊名。

由以上所述，世人也愛稱為（關）聖帝、（關）帝君、（關）聖帝君、關帝、關帝爺等而流傳至今。道教尊為協天大帝、伏魔大帝、翊漢天尊等。漢傳佛教及藏傳佛教奉其為護法神之一，稱為「伽藍菩薩」。其中儒宗神教奉為五文昌之一，而扶鸞信仰者則奉為恩主，故又稱關公為恩主公、山西夫子、文衡聖帝，是為五恩主之一。

民間受《三國演義》等傳統作品影響，普遍認為關羽與劉備、張飛義結金蘭，關羽排行第二，故又俗稱其為關二爺、關二哥。陳壽撰寫的官修史《三國志》，是二十四史之一，更為史學家認為二十四史中寫的最客觀公正的一部，將關羽與張飛、馬超、黃忠、趙雲合為一傳《三國志‧蜀書‧關張馬黃趙傳》。羅貫中就三國志為主、編寫的章回小說《三國演義》又將該五人並稱「五虎上將」，毛宗崗稱其為「三絕」之「義絕」。直至現代，某些社會群體與場合仍常有祭拜關公。

2. 夜讀《春秋》

武聖夜讀《春秋》的典故仍出在關羽千里尋兄這個大故事的框架中。當時關羽帶著劉備的甘、糜二夫人被曹軍俘獲時，曹操勸降，關羽以三個條件投降，曹操心想，我便先答應，慢慢再設法動搖你。於是、在路上驛館安歇時，曹操故意安排關羽和甘、糜二夫人住同一房間。但關羽總是讓嫂嫂們住在內屋休息，自己在門外點燈，拿出《春秋》通宵閱讀。後來他在到河北尋兄的路上，也是如此，常常在夜裡，在兩位嫂嫂休息後，自己挑燈夜讀。

此一典故在《三國志‧關羽傳》注引「江表傳」中，原文只有一句話：「羽好左氏傳，諷誦略皆上口」意思是說關羽喜歡讀《左傳》，已經到了能夠背誦的程度。所以有人誤認為，當時他讀的應該是《左傳》，而不是《春秋》。事實上「經」和「傳」是有關的。傳是解釋經的，不嫻熟經、何需讀解經的傳。所以《左傳》、是左丘明先生所寫春秋經的解經之作。因而、無論如何，《左傳》和《春秋》兩書其實並無區別。因此舊時相傳《左傳》是春秋末年左丘明為解釋孔子的《春秋》而作。所以《左傳》也被認為是對《春秋》這部史書的註解，也叫《「春秋」左氏傳》。因此，關羽好讀《左傳》，也好讀《春秋》，不需區別。

3. 英勇足為後世表率

關羽單刀赴會，是後世許多民族英雄勉勵愛國思想教育的重要教材。在陳壽所著《三國志》．吳書．魯肅傳有曰：「肅邀羽相見，各駐兵馬百步上，但請將軍單刀赴會」，原指關羽只帶一口刀和少數隨從赴魯肅的宴會。

吾人皆知，劉備為有立足之地，曾向東吳借荊州，後來遲遲未還。公元215年，劉備取益州後，孫權令諸葛瑾找劉備索要荊州。劉備不答應，孫權惱怒之下，派呂蒙率軍取長沙、零陵、桂陽三郡。劉備得知後，親自從成都趕到湖北公安，派關羽爭奪三郡。孫權也隨即進駐陸口，派魯肅屯兵益陽，抵擋關羽。

雙方劍拔弩張，孫劉聯盟面臨破裂的危險，此時，魯肅為了顧全大局，決定當面和關羽商談。不過魯肅要關羽單刀赴會以表誠意，於是關羽只帶了少數隨從去了。雙方經過會談，緩和了緊張局勢。隨後，孫權與劉備商定平分荊州，「割湘水為界，於是罷軍」，孫劉聯盟因此得以繼續維持。

劉孫結盟實在太重要了，唯有結盟，才有能力抵抗北方曹操，而曹操一生最努力之事，就是分裂劉孫聯盟，若非此一單刀赴會，焉有劉孫聯盟之可能。魯肅看到這點，曹操看到這點，而整個三國局勢，就是在這個表狀下架構。但是孫權看不到這點，所以、關羽其實很看不起孫權，魯肅過世後，孫權每每派遣史者前來相商事情要點好處，均被關羽惡言趕走，自討沒趣，曹操看在眼裡樂在心裡，掌大權者的切以孫權為忌。

（三）一生處於戰亂而絲毫不亂

人在戰亂中，本能上最重視保護自己，這是經過進化的結果，怨不得人。所以先人逐漸形成道德觀念，規範人的行為；在社會形成後，自私雖可接受，但是道德應在一切之上，以免私利以害行為。道德是好的，但畢竟只是一個空洞的規範，但當我們看到一個奉行者之後，就使我們看到人類的光明面，人之異於禽獸幾希矣！這個「幾希矣」充分表示說畢竟有異，人畢竟不是禽獸。關羽正給了人類一個這樣的啟示。

1. 不畏懼誘惑

公元184年，天下大亂。劉備在鄉里募集支持民眾以組織一支義勇軍，以保衛鄉里免於黃巾軍的掠奪，而關羽與張飛也隨之禦侮。191年，劉備擔任平原相時，以關羽、張飛為別部司馬，分統部曲。劉備與二人寢則同床，恩若兄弟。而當人面前時，則兩人侍立終日，隨劉備周旋，不避艱險。

公元 194 年，劉備繼陶謙領徐州，公元 196 年被袁術、呂布夾攻，關羽便跟隨劉備一起投奔曹操。公元 198 年，劉備與曹操一同在下邳圍攻呂布；據《蜀記》及《華陽國志》記載，當時呂布部將秦宜祿外出求援，留下前妻杜氏和兒子秦朗，關羽以其妻沒有生子，曾向曹操請求城破後娶杜氏為妻，曹操答應。之後關羽又數次向曹操提起，曹操懷疑杜氏是否異常美貌，城破後便先去看她，見她有美色，便占為己有，關羽因此心中不安。

之後曹操任車冑為徐州刺史，關羽與劉備便跟隨曹操班師。曹操和劉備一同打獵，關羽勸劉備趁機殺死曹操，劉備不聽。後袁術北上投奔袁紹，劉備奉曹操命攔截袁術於徐州，劉備趁機襲殺車冑，命關羽守下邳、領徐州，劉備返回小沛。

2. 戰亂分散一心重歸劉備以見其忠

公元 200 年元月，曹操攻破劉備，劉備投奔袁紹，關羽也因戰敗被生擒。曹操任命關羽為偏將軍，禮之甚厚，有所謂：上馬三兩銀、下馬三兩銀，試想；即使今日，吾人飲食俱足，尚難免貪圖小利買票賄絡，何況戰亂時代，但關羽不為所動。曹操壯慕關羽為人，而察知其無久留之心意，謂張遼（也是一位勇將，與關羽交情甚好）試以人情探問。既而張遼以此問關羽，關羽嘆息道：「吾極知曹公待我厚，然吾受劉將軍厚恩，誓以共死，不可背之。吾終不留，吾要當立效以報曹公乃去。（意思說：我深知曹先生待我甚厚，但我受劉備將軍厚恩，發誓共死，不可背棄。我始終不會留下，我必要立功報效曹公後才離去。）」。張遼以關羽所言報告曹操，曹公義之：「事君不忘其本，天下義士也。」，張遼回答曹操：「羽受公恩，必立效報公而後去也。」（關羽受到主公的恩惠，必定會報答主公之後再行離去。）同年二月，袁紹派大將顏良與淳于瓊、郭圖等攻白馬，曹操親自率軍救援，並命張遼與關羽為先鋒。關羽望見顏良麾蓋，策馬衝鋒，刺殺顏良於萬軍之中，斬顏良首而還，袁軍將領無人能擋，白馬之圍被解，關羽被封為漢壽亭侯。

關羽立功後，曹操知道關羽必會離去，反而重加賞賜，想要留住他，但是關羽盡拒曹操賞賜，四月留書告辭，回到劉備身邊。曹操左右欲追之，不過曹操說「彼各為其主，勿追也。」而阻止。當時劉備已在汝南附近，聯合劉辟等進攻曹操，於是前去該處會合。後世裴松之為《三國志》作注讚揚曹操：「曹公知羽不留而心嘉其志，去不遣追以成其義，自非有王霸之度，孰能至於此乎？斯實曹公之休美。」

3. 憫冤除豪見其仗義勇為

「憫」即憐憫；「冤」指冤枉；「除」即除掉；「豪」指土豪惡霸。此成語雖生僻，但必須知道，因為它闡述了關羽平生第一義舉。

據《關聖帝君聖際圖誌全集．全圖集．懲兇除豪》釋義記載，關羽出身貧窮，少時曾以打鐵為生，但其為人仗義，喜抱打不平。他19歲時離家來到解州城，欲求見郡守毛遂自薦，為國家效力。一天晚上他投宿在縣城的一家旅館裡，半夜聽到隔壁有哭聲。他一問才知哭泣的人叫韓守義，其女被惡霸呂熊強佔。當時解州因靠近鹽池，地下水都是鹹的，不能食用。僅有的幾口甜水井都被呂熊填住了，僅他家留下一口甜水井，誰要來他家取水就強行收費，並且還必須得讓年輕美女來取水。為此不少良家婦女都被他侮辱。鑑於他家勢大，一時間大家都敢怒不敢言。

韓守義的女兒就是這樣被呂熊霸占的。關羽聽罷大怒，直接掂刀來到呂熊家，殺了這個惡霸，解救了不少良家婦女「聖帝眥裂發豎，命守義至七所，悉斬殺之」。之後關羽便逃往他鄉，仗劍闖天涯了。這就是關羽懲兇除霸的典故，在「三國志」中，即是關羽的「亡命奔涿郡」的典故。自此、關羽開始了他波瀾壯闊的一生。

參、仁的實踐

一、孔子論仁的實踐

（一）仁是孔子的中心思想

孔子說仁，在論語一書裡，論「仁」的篇章中，共有59筆，117個仁字。其中「里仁」有七筆，共有18次；次為「顏淵」有6筆，「雍也」篇有5筆，也各為13次；「憲問」有6筆，「衛靈公」有5筆，也同有11次之多。可見孔子對仁重視的程度。

同時孔門思想也以仁為首，建立了仁、義、禮、智、信，因此本部分對仁的實踐勢必應予探討。有關仁的實踐，可以由兩方面來探討，其一為孔子的薰習教化方式，其二為體育之印證與推演。試再詳述如後：二、孔子的教育內容；三、孔子的射育教學課程。

（二）孔子的教育內容

孔子提出仁的思想，是有鑑於當時各國交相利，殺伐殘酷，甚至有的戰爭。動員到舉國十六歲的男子。試想當時有好幾百個千乘之國或萬乘之國，各具有那麼多軍隊。連同更多小一點的數百乘之國、貴族國家，必然爭戰不斷。最有效的止戰之法，就是周遊列國，以他的崇高名望，教育他的文臣武將君主這些學生，以仁為本、止息戰爭。因此他將仁的中心思想，編入了他的教材教法-六藝：禮、樂、射、御、書、數。其中射、御很難不認為是就是體育。

（三）孔子的射育教學課程

春秋這個戰亂時代，體育是必須的，有了強健的體魄，才能保護自己，安定邦國，所以當時最實用之一的體育之一的射育，一定要提出來的。

1. 射藝-以射為育

吾人皆知，馬鐙是魏晉南北朝才慢慢研發出來的，有了馬鐙，才可能配上重兵器和長兵器，因此孔子那個時代，最有效的自衛衛國的馬上兵器和技術就是輕兵器箭藝。所以當時一個體育工作者，一定重視射術。他又是一位教育工作者，有教無類，什麼學生都是老師負擔的義務，因此他對射育，有兩個基本要求。

(1)射不主皮、力不同科故也

其含義為，射這件事，人人「都須具備」，但是不強調一定要射得穿透遠遠的皮靶，因為人是有個別差異的。天生力氣大的射得遠射得穿透，但是力氣小的、或才十六七歲的小壯丁，也不要忘了練習射箭這件重要的事。學了射箭，動作熟練照樣有膽氣。尤其騎在馬上，晚兩步射箭，照樣很快射中標的。

同時射箭也是一種閒暇時間的活動，且經常是聚會後必要的休閒娛樂。一場聚會完畢，由於射育推行的廣，射射箭趣味又強健體魄，又加上許多禮儀和儀式性活動，讓身體活動通透到內心休養，培養真正的身心健康。

(2)射藝的昇華

孔子講射育，實際上已超越運動的境界，已經昇華直達體育的境界，此可證之如下，子曰：「君子無所爭。必也射乎！揖讓而升、下，而飲，其爭也君子！」（八佾第三）

簡言之，孔子說：「君子不在於爭贏鬥勝。假使必不得已要有所競賽，就比賽射箭吧！比射時，升堂就射擊位置，及下堂返回自己位置，都相互行禮作揖，禮讓對方先行，一切如此祥和安穩。當勝負確定以後，互相舉杯敬對方，這才是君子之爭！」所爭的是自己本身全力以赴的運動精神，而不是一時勝負。

前文說射不主皮，是技術面，當時人人都需要強健的體魄。但是本文講到比賽，強調的不是輸贏，而是一種翩翩風度。這正是體育所強調的，若是強調輸贏，則往往會無所不用其極。例如：過度訓練、荒廢其他、運動傷害、運動舞弊、服食禁藥…等等不一而足，那不是體育更不是教育，那是戕害身心。因此孔子在那個如此重視體育教育必要性的年代，就提出這個想法。吾人很難說，他不是一位體育學家。

一個射育，就可以看到孔子對於培養身心健康的重視，和更重視培養身心健康的方法論。

2. 御藝－以御為育

御藝，也是孔子教材教法之所重，其重要性和射藝相當。考春秋時代，周天子只是形式上的共主，實際上是萬邦 (many many states) 時代。這些國家莫不發展軍事實力，所以目的化的體育教育就變得非常重要。在當時的戰場上，沒有馬鐙、無法使用長兵器和重兵器。於是各國利用馬托拉車輛的能力，發展馬車，可以攜帶順手武器和裝備，供駕馬的戰士使用。當然要學會駕駛馬車行動自如的技術，是相當困難的。

(1) 御藝的必要性

根據考證，人類第一個會利用大型動物駕車的是商朝的王亥，所謂「王亥伏牛「，王亥利用這個龐然大物－牛－駕車，拉著貨物前往各地行通貨交易。這是極為困難之舉，因為要讓力氣大於凡人十餘倍的牛能馴服，幾乎是不可能的事，王亥首先為我們人類做到了。從此利用這些大型哺乳性草食動物駕車技術開始發展和多元化。到了春秋時代，各個國家因應國力，發展出以馬的快速行動能力的戰車；因此有不少國家馬車數量以萬來計－萬乘之國，有的數以千計、也有數以百計－千乘之國、百乘之國，總之，都是透過駕馬車之技術，來增加國力。所以御的教育非常重要。

(2) 御藝的昇華

要使御藝昇華，非大體育思想學家孔子莫屬。因此孔子曾非常重要的對話：達巷黨人曰：「大哉孔子——！博學而無所成名。」子聞之，謂門弟子曰：「吾何執？執御乎？執射乎？吾執御矣。」（子罕）

本文之意，達巷這一代的人誇讚孔子：文武全能、才華出眾，博學多聞，卻不靠那一項專業來成名。孔子說：我不執著一物、我無所執。我專精哪一項呢？我還是精於御藝這門教育吧！

由此可見，孔子無所不精，但是非常重視御藝駕好馬車這個技術的這件事。

(3) 御的技術

論及御藝，孔子有如下的教誨：「升車，必正立，執綏。車中，不內顧，不疾言，不親指。」這裡孔子指出，踏上馬車、一定要正立，依照規範拿著駕車扶手帶上車。在車上，不搖頭還顧，不高聲說話，不到處指指點點喋喋不休。

事實上這裡有三層體育教育含意：

(3) ~ 1. 身入（由身入到心入）

孔子認為，即使駕車，也必須要身正，以最正確的行為舉止升車。身入才會心入。之後要確實手上取好繩帶，這也是要求嚴謹，透過身體動作的正確，把心也放進來。雖然是一個身體行為，卻是要心入才能每一次做好，所以是一個身入、行入，到心入的薰習教育。

(3)～2. 心入（由心入到理入）

學生一但上了車，應該集中注意力在駕車一事，不允許到處亂看分心。不允許說不恰當的話，無關是非的話，一心緊守在駕車的事件上。更不允許指東畫西、不可以指手畫腳突然擾亂心情。當這些情況都做到了，就接近孔子以仁為本的規範教育了。此刻心為自己所控，理為己所掌，已由心入進入到理入，輕輕地觸到孔子理想的境界。

(3)～3. 理入

當然，要進入孔子思想其內，還要更精進努力，但基礎已在體育的射藝和御藝中紮下基礎。

二、關羽是「仁」的實踐者

一如前部分所述，孔聖人以仁為中心思想，發展出仁者無敵之體育訓練，而孔門思想以仁為首，建立了仁、義、禮、智、信，因此本部分關聖仁的實踐進一步分為仁、義、禮、智、信五方面探討，以證實關羽是孔門思想之實踐者。

（一）華容道義釋曹操—仁

三國最重要之一場戰爭非赤壁之戰莫屬，此戰曹操傾全力親自帶軍出征。然而在劉備及孫權聯盟之下，大敗虧輸，連夜敗走。原來早在行兵布陣時，諸葛亮便已料到，曹軍必敗，沿途也會有猛將一路保護曹操北返。因此沿路調兵遣將之安排極為謹慎。而最後途經華容道，需一威震四海之猛將，將曹軍震攝而可逮捕曹操。在激將之後，關羽立軍令狀、保證做好此一任務。果然赤壁之戰後，曹操倉皇從華容道敗逃。諸葛亮派關羽在這裡埋伏。曹操人困馬乏，損兵折將，又見到關聖人威風凜凜在前等候，整個部隊一時心志全都垮了、無法再戰。有屬下告訴曹操，關羽雖然有無人能敵之勇，但也是有仁者無敵之勇，唯有主上您動之以情，親自請他讓路，放我等一條生路。於是曹操聽其言，向前問好，並請求讓路放行。關羽念在過去曹操厚待自己的情份上，不顧立下要活捉曹操的軍令狀，放過了曹操，並甘願回營接受軍令處分。由此可見，關羽之所行、所為，其實是建立在仁之上，因此有紀錄稱：「曹瞞兵敗走華容，正與關公狹路逢。只為當初恩義重，放開金鎖走蛟龍。」

（二）義的實踐者—桃園結義

關羽在家鄉因為仗義除惡，逃難江湖。在涿郡結識了劉備和張飛，三人志同道合，一見如故，結為異姓兄弟。羅貫中在其所書之三國演義第一篇一開場，即書寫劉備、關羽、張飛三人在桃園結義的情節。結義誓詞云：「雖然異姓，既結為兄弟，則同心協力，救困扶危；上報國家，下安黎庶，不求同年同月同日生，只願同年同月同日死。」。從此開始了關公叱吒風雲的戎馬生涯，完美體現了符合中華民族所倡導的各種「義」的道德品格，被《三國演義》尊為「義絕」，中華民眾尊關公為「義」的化身。而整部三國演義，可謂均以關羽之義為主題。

因此，馮子禮認為：關羽，「三絕」之一，毛宗崗把關羽稱為「義絕」。從三國演義之第25回到28回，「土山約三事」、「斬顏良」、「誅文丑」、「掛金封金」、「千是走單騎」、「過五關斬六將」直到「斬蔡陽」、「古城聚義」，這些從下邳開始的關羽故事中最為膾炙人口的部分，是表現「義」的重頭畫面。

關羽可以「降漢不降曹」，但一旦得知劉備信息，立馬「掛印封金」，光明磊落而去。「富與貴，是人之所欲也，不以其道得之，不處也；貧與賤，是人之所惡也，不以其道得之，不去也。」，「君子喻於義，小人喻於利」。以關羽為標誌的義，內涵廣泛而作用複雜：革命烈士犧牲稱慷慨就義，「留得豪情作楚囚」；農民起義稱義軍；宋江想「招安」，把「聚義廳」改為「忠義堂」，表示「替天行道」；連胡傳魁鳥槍換炮也叫「忠義救國軍」……「同志」唾棄，「哥們義氣」行時，同事相幫，同志凝聚，都標榜「義氣」，拜把結義在青少年中隨處可見。所以，對關羽的「義」，不但讓人推崇，也要正確對待，千萬不可「見利忘義」。

（三）關羽之禮

1. 禮之重要性

禮在於規範一個人的生活行為。孔子說禮有謂：爾愛其羊，吾愛其禮。因為有周一朝，每年均舉行祈禮儀式。周王分封各地之諸侯國王，均為周氏一家，血脈相同。也許第一代第二代相認識。但是幾代以後便不認識，也許互相爭伐，因此每年舉行大禮祭典，以保證互相認識，不致同室操戈。

2. 關羽是君臣之禮的實踐者

關羽和劉備，為結義兄弟。及至劉備初創大業，延續漢家血脈後，成為蜀漢之領導者。只要是公開場合，劉備坐著談公事，無論多久，關羽皆站立其後，終身如此，可見其對禮-君臣之禮之重視的實踐態度。

3. 關羽是兄嫂之禮的實踐者

劉備創業之初，有大部分時間，關羽均保護著劉備兩位夫人。期間曹操有意將關羽和兩位夫人留於一室，但關羽均能嚴守分際，保持對兩位夫人兄嫂之禮，讓奸滑如曹操者，也不得不佩服，而更加尊重。

（四）關羽之智

1. 獨守荊州

荊州是蜀漢的重要據點，東拒孫權，又是戰略上重要位置。有了荊州，北方曹操不敢隨意南下，以免蜀漢北上直取北魏，諸葛亮六出祈山時，倘若蜀漢依舊具有荊州，則一切情況將大不相同。關羽作為蜀漢集團的重要成員，並且能夠獨自鎮守荊州八年，率眾北拒曹操，東穩孫權，已經是大功一件，無謀之人何能如此？可見其智於一班。

2. 劉備重要的議策對象

劉備初期只有關張二兄弟，而關羽相比於張飛更顯得沉穩，處事不急躁，因此在事態複雜的時候，關羽能夠提出一些明朗化的意見。例如：劉備投盧植之時，正趕上盧植被董卓替換，押解回長安，劉備此時心裡本想繼續在戰場上，也許會去投靠董卓，但是關羽建議其回涿郡再行計議，路上不巧遇到了張角董卓大戰，順勢尚救了董卓，這是一個戰略上極大的人情。

再例如之後，劉備於安喜縣尉任上，其弟張飛氣不過鞭打了督郵，關羽建議劉備殺了督郵，再去他處圖遠大之計。劉備雖然沒殺督郵，但是還是按照關羽的意思進行了下一步。

由此可見，關羽對事情的分析，是有清晰頭腦的智者，隨手兩例就可見其具有智者的大謀略。

3. 不斷充實智能

關羽喜歡讀書，左傳、春秋⋯，這些書大都來自孔子思想。並記載了春秋二百多年的歷史，涉及的信息不僅僅是軍事，還有政治，經濟，外交，甚至還涉及到各國的文化。關羽有空便研究些知識，因此不但飽讀詩書，更深入透進思想文化層面，所以他能暗懷韜略、隨機運用。

（五）關羽之信

1. 投降曹操時，跟曹操約法三章。

佔長沙之時，與黃忠惺惺相惜，不肯殺了無馬的黃忠，還說這是春秋大義——君子誠信，不趁人之危。

2. 關羽重然諾，守信用，對劉備及其團隊的利益無限忠誠。

他與劉備同甘共苦許多年，恪守信義，始終不渝。即使白馬被擒，身在曹營，也仍不忘舊恩，終於復歸劉備，結義兄弟如此者，可謂一時無兩。

凝聚在關公身上而為萬世共仰的仁義禮智信等人格品質，蘊涵著中華傳統文化的倫理、道德、理想，滲透著儒學的春秋精義，並為釋教、道教教義所趨同的人生價值觀念，同時也是平民百姓的一種基本的做人道理，體現了中華民族的傳統美德。

美國聖地亞哥加州大學人類學系教授、芝加哥大學人類學博士 David Jordan(漢名焦大衛)先生對關公也是景仰萬分；「我尊敬你們的這一位大神，他應該得到所有人的尊敬。他的仁、義、智、勇直到現在仍有意義，仁就是愛心，義就是信譽，智就是文化，勇就是不怕困難。上帝的子民如果都像你們的關公一樣，我們的世界就會變得更加美好。」

3. 掛印封金足見其忠與信

建安五年（公元200年），曹操東征劉備，下邳失陷，劉備妻子女兒被俘，關公被困土山，曹操派張遼勸降，關公以「我仗忠義而死，安得為天下笑！」進行拒絕，張遼告知劉備妻小被困曹營，關公土山約三事，進入曹操。面對曹操高官厚祿，財寶美女的拉攏利誘，關公對劉備依然忠貞不渝，堅如磐石。曹操派張遼試探關公心意：「倘玄德已棄世，公何所歸乎?」公曰：「願從於地下。」當得知劉備下落後，關公毅然掛印封金，作書辭曹，追求還在寄居人下的劉備。曹操感慨地說：「忠而不忘其主，真天下義士！」

三、關羽神格化為關聖帝君

（一）孔為文聖、關羽為武聖

1. 佛教青睞

試紹述關羽神格之過程，佛教最先關注到關羽信仰的抬頭，隋唐時期盛極一時的天台宗搶先出手敘述；天台宗創始人智顗禪師在當陽玉泉山遇上關羽顯靈，關羽請智顗在玉泉山修建精舍，並率子關平皈依佛門並成為「護法伽藍」，關羽在我國佛教中有了重要身份。

2. 國家祭祀

唐朝起關羽入國家祀典；唐朝開始重視軍事人才的培養，並從祀，關羽的稱號是「蜀前將軍漢壽亭侯」。

3. 晉身王爺

關羽在北宋起，更加受到當局政府（朝廷）尊崇。由於北宋在軍事上弱勢，國情與蜀漢有相似之處。因此民間對武力強人的呼喚有增無減，宋夏邊境的將士就極為崇拜關羽，百姓們對蜀漢開始給予更多的同情。蘇軾就記載了時人聽說書時「聞劉玄德敗，頻蹙眉，有出涕者；聞曹操敗，即喜唱快」的情形，這一民間思潮終於影響到高層，宋神宗曾自比劉備，完成了「帝曹」到「尊劉」的轉型，而這一變化的最大受益者是關羽。

公元1102年，宋徽宗加封關羽為「忠惠公」，關羽當了近900年的侯爵后終於進爵為公，此外，徽宗自稱教主道君皇帝，還加送一個「崇寧真君」的封號。又過了六年，徽宗覺得公爵還是不夠尊崇，加封關羽為「武安王」，這是關羽封王之始，到了公元1123年，徽宗又把關羽的封號變成「義勇武安王」，同時，關羽殺回武成王廟，迎來了神聖化的第一個高潮。

4. 俘獲儒士心

相比較在北宋獲得的那些虛銜，關羽在南宋最大的成就是逐漸俘獲了文人儒士們之心。早在北宋年間，一些文人就對關羽身上「忠義」這一儒家特徵進行了挖掘和創造，經歷靖康之變，關羽身上的勇武和忠義與高揚的民族氣節相契合。宋儒褒揚「春秋」，關羽喜讀「春秋」「左傳」的特徵又大大得到儒家子弟們的好感。再加上朱熹批曹、孫二家為「漢賊「，為關羽今后進入儒教，掃清了「名正言順」的因緣。

5. 晉封為帝

明洪武二十七年（1394），明廷在南京雞鳴山給關羽立廟，規定國家每年祭祀六次，祭品為一豬一羊，規格不可謂不高。更重要的是，關羽在國家祀典中終於自立門戶，有了自己不可動搖之地位。

關羽最為特殊之處是由於他喜歡看春秋經而倍受中華文化推崇，並且被作為神祇膜拜，產生關羽信仰，並傳至日本、朝鮮、越南、琉球等漢字文化圈國家。由於他體現了春秋經捍衛正統的忠義勇武的形象，多被民眾尊稱為關公、關老爺，又多次被後代帝王褒封，直至武聖，與「文聖」孔子齊名。故也俗稱為（關）聖帝、（關）帝君、（關）聖帝君、關帝、關帝爺等而流傳至今。道教尊為協天大帝、伏魔大帝、翊漢天尊等，漢傳佛教及藏傳佛教奉其為護法神之一，稱為「伽藍菩薩」。其中儒宗神教奉為五文昌之一，而扶鸞信仰者則奉為恩主，故又稱關公為恩主公、山西夫子、文衡聖帝，是為五恩主之一。

6. 亂世中地位甚至趕超孔子

明萬歷十八年（1590年），神宗封關羽為「協天護國忠義大帝」，成為中國歷史上唯一一位晉升為「帝」的臣子，相比較之下，孔子再怎麼加封，也始終是個「王」。萬歷四十二年（1614年），關羽又被封為「三界伏魔大帝、神威遠鎮天尊、關聖帝君」，至此，關羽正式受稱為「關聖帝君」，此時之歐洲，約為文藝復興時代，相較於我國文明，還差了一大截。

7. 清代更為推崇

清人原為馬背民族，重視武義。有清一代、統治者對關羽之崇敬，早在關外時期就已開始。順治元年（1644年），甫一入關的清廷就重修關帝廟。順治九年（1652年），封關羽為「忠義神武關聖大帝」，突出「忠義」這一儒家倫理，從此時起，關羽便被稱為「武聖」，關廟也被稱為「武廟」，並且與文聖孔子一樣，武聖關羽被列入清代國家級聖人享受正式的祭祀。

8. 關聖帝君之思想及神格普及化全球化

清乾隆後，大清王朝風雨飄搖，天理教起義、張格爾叛亂、太平天國起義、捻軍起義接踵而至。每當此時，關羽便被朝廷想起。皇帝就得給關羽的「封號」加兩個字，以求關聖保佑迅速平亂。及至光緒五年（1879年），關羽封號為「忠義神武靈佑仁勇威顯護國保民精誠綏靖詡贊宣德關聖帝君」，長26字。宮中在上演關羽戲時，只要關老爺一出場，皇帝、后妃都要恭恭敬敬地離開座位繞場走幾步、而後重新落座，在後台，要供關老爺神位，焚香供奉。而關廟更是遍布天下，據統計，清代中期僅北京城內就有關帝廟116處，遠遠超出了孔廟的數量。據統計，當時全國約有關帝廟30餘萬處，而同期全國僅有孔廟3000處。關羽甚至進入藏傳佛教系統，雍和宮內也有關帝廟。近代以來，海外華人更是把關廟建到了日本、東南亞、澳洲和美國，遍布天下。

（二）神格之類別

武神、文神、萬能之神，為世人膜拜關公神格之類別。

1. 武神

廟裡之帝君，一手拿著青龍偃月刀，一手扶著鬍鬚，這是我們最常看到的關公形象，除了一般常見的廟宇，尤其象徵正義扶助弱小之警察家中也都會擺設關公的神像，有的和文化區的地方，甚至在警察辦公室均會擺設關公神像，員警出任務時，不忘膜拜。

武神的神格，是這三者之中最早出現的，也是最好理解的，畢竟大家熟悉的關羽是著名的武將，驍勇善戰、忠義仁武，這些鮮明的印象，都是讓他成為武神的重要元素。但要強調的是，「關羽」並不等同於「關公」，關羽是人，關公是神。

在中唐時期，關羽以「一般武將」的身分進入武廟，雖然只是從祀的地位，但可以視為他漸漸成為武神的事蹟之一。

隨著關羽地位的改變，他本身的英勇事蹟和民間流傳的神話故事完美結合，漸漸被神靈化，成為了「關公」。在宋代，關羽就已經被冠上了「武聖」的稱號，當年北方的金國軍隊已兵臨城下，北宋朝廷急需一位忠勇的軍人榜樣作為軍神，以激勵將士勇猛作戰，這個人就是關羽。

當首都汴梁失守之前，宋徽宗曾連續三次追封關公，最後一次的封號是「義勇武安王」，從「義」、「勇」、「武」這三個字便可以看出關公作為武神的形象，以及人民對這尊神靈的期許。到了明代神宗時，關公更被封為「三界伏魔大帝神威遠震天尊關聖帝君」，也就是我們現今俗稱的關聖帝君。不僅如此，明神宗還將關公廟升格為「武廟」，與文廟——孔廟並列。

2. 文神：協助讀書人

世人喜歡逢到月考、段考，便去文昌廟裡拜一拜，以求安心，並考得好成績。尤其每當大考將近，祈求文昌帝君保佑考試順利，已經是考生的例行公事。有時甚至老師帶著同學，一同前往文昌廟祈求護佑。在文昌廟裡的關公，早已放下青龍偃月刀，手拿一本「春秋」，等著同學前來許願。這是關公文儒的一面，在此，祂又被稱為「文衡聖帝」。

華人社會深受儒家文化的渲染，關羽其忠誠、守義的形象，都符合儒家的倫理道德觀，可以說是傳播儒家仁、義、禮、智、信的最佳榜樣。況且，世人皆知關羽喜讀「春秋」、「左傳」、「易經」，他之文武雙全、知書達禮，可謂世人的典範，這也使關公信仰走向儒家化。而道家趕上關公儒家化的潮流，更提出「關帝受玉皇大帝之命司掌文衡」的說法，因此成為「文衡聖帝」。

清朝時期，關公文神的地位更是有所提升。在滿清入關以前，關公信仰已經非常興盛，而清朝為了攏絡漢人，特別是了解在漢人社會中地位不容小覷的儒家士人，而十分推崇關公。清朝為此實施了一連串宗教政策，例如加封關公後裔為五經博士（古代的學官）、加封其前三代為公爵，更將關廟的體制改得與孔廟一般完善，在祭祀、活動上都有一定的規格。

除此之外，關公的另個稱號是「山西關夫子」（夫子，有對學問身後者之尊稱之意），作為孔子「山東孔夫子」的對應，也有認為將關公視為武聖與文聖的對照；另有說法認為，「山西關夫子」是文神的代表，畢竟古人也尊稱老師、有學問的人為「夫子」。

3. 財神

關羽年輕時，曾在家鄉從商販布，不只如此，他更精於理財之道，擅長算數記帳，還曾設簿記法，並發明一種清楚的記帳法—日清簿，即為現今一般商人所使用的流水帳。因此過年時節，吾人可以看過春聯；上頭繪有手拿著財寶、充滿喜氣的關公，或是在商店裡就經常能看到的小尊關公像，這些便是關公作為財神的形象。

商人選擇將關公視為財神，看重的是祂的忠義氣節、懲惡揚善、祐民護民的神格，除了希望關公能保護身家性命和財產安全外，也代表商人們做生意不會欺騙顧客。另外，關羽所用的青龍偃月刀十分鋒「利」，與生意上求「利」同音，也因求得獲「利」之故，關公被後世商人尊為商業守護神，視祂為保佑人們發財的武財神。

北宋宋徽宗時，解州鹽池傳聞有蛟怪作亂，使民生不安、百姓恐慌，當時天師張繼先便用符召請關公，成功殺死了蛟怪，保護了鹽池。由於鹽池是宋朝的經濟命脈之一，所以關公亦無形中成了大宋的經濟保護神和財神。

在關公信仰越來越興盛後，其家鄉山西也拜其為家鄉神、保護神。而在明清之時，山西商人勢力鼎盛，晉商出外做生意習慣帶著關公像保平安，演變到後來，各地生意人也都開始供奉祂。

4. 萬能之神

由於信仰關公的信徒眾多，除了軍人、武師、製刀業奉祂為行業神崇拜外，就連其他各行各業均十分推崇關羽。例如關羽年輕時曾賣過豆腐，豆腐小販就借此供奉其為豆腐業之神；燭業則因關公秉燭達旦，恪守叔嫂之禮，而奉其為神祭拜。更有理髮業、刀剪鋪業，因為維生工具都是刀具，而關羽的兵器就是一把青龍大刀，也奉關公為守護神。以此之故，各個行業神漸漸演變成祈求保佑，生活中的疑難雜症，都能祈求關公保佑，成為萬能之神。

肆、體育與仁的教育

一、體育基本概念簡要論述

本部分簡要對體育概念作個說明，以便和孔子仁的實踐和其身體教育做討論。

（一）何謂體育

體育是一個外來名詞，在我國古籍中未曾出現過，而是來自裴斯塔洛齊學校的體操為濫觴，之後又有 Physical Education 一詞，依據字面上翻譯就是身體教育，簡稱體育。

在民國初期，為了強國的需要，又稱為體操、軍國民體育，最後教育部統一稱為體育，在各級學校中都是必修的科目，甚至每天早上都要做晨操，以強健體魄，及至今日為止，我國教育強調五育並重，是我國教育重要之一環。

（二）體育是一種以大肌肉活動為主的教育

所謂大肌肉，就是身體大肌群，一大肌群為主的教育，就是透過這些肌群，使身體活動，並在活動中得到教育的效果。因此大肌群活動的教育，會有以下幾個要點很自然地顯現。

1. 仁的規範

大肌群的活動，一定是身體在某領域內的活動。由於他是各級學校的正課活動，當然在此教學活動裡要達到課程的潛在教育功能（Curriculum），此與孔子的六藝教育納含體育（射、御）其實完全同質，所以專業的教育角度來說，孔子實在就是教育的先行者。

由於在一定的場域內進行大肌活動，必然會有三個結果。其一，逐年培養有機體健康的身體，發達其肌肉組織，以及自衛衛國的能力。其二，仁的實踐；學生要愛人、要小心，不可衝撞他人，如果是遊戲運動，不可犯規，因此是仁的實踐教育。其三，體育作為學校 Curriculum(學校的全天課程），必然有許多多樣化適合每一位同學的體育活動。在這些體育活動中，不只是強調體力的增進，更是嚴格要求對「仁」的實踐，一個犯規侵犯他人，馬上舉手認錯，扶起被犯規的同儕。許多時候犯規會亮起黃牌告訴當事同學，不可二過，甚至有時直接亮起紅牌，比孔子認為門下弟子顏回的最高標準 - 不貳過還要嚴厲。

2. 不過分強調勝負

體育在於培養學生體能，由於個別差異的關係，體育特別重視每個同學的適合程度。此誠如孔子所說，射不主皮、力不同科故也；射不強調非要射穿過那個皮靶、每個人的力量不相同個別差異啊！

（三）培養休閒技能

體育課程重視學生的個別差異，也在課程設計中逐漸培養學生喜好某一項活動的興趣。學生畢業後，當他們有了幾項運動興趣，可以終生從事所愛的興趣，使他的體育活動，融入他的內在本我，這讓他健康，而且是身、心健康。可見真正的健康，是由活動透到內心、能達到理入，所以，培養休閒技能是一生都該守住的體育興趣。

（四）仁愛的實踐，合群的觀念，重視身體的美和心靈的善。

美不是好看，美育是在培養情操，而不是顯示身材的美去做模特兒、或畫畫賺錢、美妝打扮，不是、美是情操。團隊活動貢獻己力就是美；合群就是美；即使啦啦隊為己加油也是美，這就是可貴的情操。

二、我國的體育目標

經過上述分析，試再比較我國的體育目標。我國體育目標如下：

（一）總綱

茲將各級學校體育課程目標總綱彙整，經現象學描述法描述如下。

體育是具有社會形態的團體組織的教育。為了增進人體完美之發展，寓教育於身體活動的歷程，體育供給人類全部教育歷程中的一種媒介體。因此，體育就是教育，是教育的一環，且是以大肌肉為活動方式的教育。其設計以場地設備為情境，以有機體的身心成熟為依據，使個體在身體力行中，鍛練完美體格，發展理性行為，充實心智活動，進而擴大經驗範圍，提高適應能力，改變氣質，以繁榮生活，發揚生命意義。

（二）體育的目標

我國各級學校體育之目標包括如下五點：鍛練健全身心，促進均衡發展；培養運動道德，建立團體精神；增進體育知識，建立運動習慣；了解運動方法，提升運動水準；培養運動興趣，養成愛美情操。

三、勤益科大的作法：

國立勤益科技大學的體育課程設計，非常重視課程內容的多樣化，同時學校也想方設法提供更多體育教育的良好情境。就是希望勤益科大的學生，終生受惠不盡，有健康的體魄，善良的本心，合群顧全大局的情操，自衛衛國的觀念；如同關聖般的情操、愛國、忠君、友愛結義同袍。簡而言之，體育教育或可更簡要描述如下：「志於道，據於德，依於仁，遊於藝。」（述而）

伍、法喜經驗

一、法喜的本來面目

法喜不是外面境界刺激來的，是從內心裡面自然流露出來的。所以孔子說「學而時習之，不亦說（悅）乎。」悅，就是法喜。而隨著時習之的精進，法喜會有更深一層經驗。而整個孔子藝中教化就更深入體會到法喜的深層感知。又如、吾人閱讀體驗關聖帝君無私的大仁行事作風和風度，我們就有一種豐富滿盈的內在感受，這就是法喜。

二、經驗

經驗也是一個類似法喜但屬於西方哲學命題。杜威論經驗，他指出經驗就是本我和對象的一個交道。所謂交道是一種交互作用，指的是個體的內在狀態與外在的環境變化之相互影響，個體的內在狀態是主觀的條件，而外在的環境變化則是客觀的條件，主客觀條件的相互作用（inter-play）便構成情境，個體現在情境的經驗一樣會對未來情境的經驗產生修改（modifies）的作用。最後本體和對象會合而為一。這種集合合一的感受，便如法喜。「因此談到這一部分主題時，東西方思想是相互交會的。」

三、法喜經驗

法喜經驗是一個內在深刻的感受，修持精進者的一種內在體會，本來無法用文字描述。本文試用描述的方法加以條列，每一項所列，只是一個趨向、企圖讀者由全文閱畢後，進入一個由此徑入彼境的體驗。

（一）幸福感：仁遠乎哉？吾欲仁、斯仁至矣——！仁就和我在一起的。

（二）內在永不鬆懈：若聖與仁，則吾豈敢？抑為之不厭，誨人不倦，則可謂云爾已矣。

（三）文武帝君合一、孔子和關公的交會：「君子道者三，我無能焉：仁者不憂，知者不惑，勇者不懼。」（憲問）。

（四）緊守戒律：一定的姿勢駕馬車、以及做任何事，有曰；「三月不違仁」（雍也）

（五）價值感：此生值得了，沒有白來這一趟；朝聞道，夕死可矣——！

（六）仁的行為準則：克己復禮，為仁。一日克己復禮，天下歸仁焉。（顏淵）

（七）守規範、不犯規、標準的行為舉止：非禮勿視，非禮勿聽，非禮勿言，非禮勿動。」（顏淵）

（八）愛人：不侵犯他人、避免衝撞他人造成運動傷害。樊遲問仁。子曰：「愛人。」（顏淵）

（九）重視個別差異：射不主皮、力不同科故也。

（十）守身守心守理：駕車、要端正，做標準動作、心到、身到、行到、理到。

（十一）陪養強健體魄：以射、御為主要教育教材。

（十二）不執著：達巷黨人曰：「大哉孔子－！博學而無所成名。」子聞之，謂門弟子曰：「吾何執？執御乎？執射乎？吾執御矣。」（子罕）

（十三）合一、天人合一：寫春秋的孔子、和夜讀春秋的關公合一；二三子和聖人的合一、人類可以在修習薰化中與聖人之語錄、行為，交互作用、而達天人合一。

（十四）東西思想交會在「仁」的思想上。

（十五）勇武異常：關羽溫酒斬華雄、三戰呂布、斬車胄、斬顏良、誅文醜、掛印封金、千里走單騎、過五關斬六將、華容道、單刀赴會、水淹七軍等，可見其自然表現了他的武勇和神韻。

（十六）不為所動：關羽之「刮骨療毒」，更是盡人皆知。關羽曾被亂箭射中，箭穿透其他左臂。後傷口雖癒，但一到陰雨天氣，骨頭就常常疼痛。華陀說：「矢鏃有毒，毒入於骨，當破臂作創，刮骨去毒，然後此患乃除耳。」，關羽便伸臂讓華陀切開傷口。時關羽正在宴請諸將，「臂血流離，盈於盤器，而羽割炙引酒，言笑自若。」（見於三國志・蜀書六・關羽）。至於「三國演義「中描寫這段時，更是精彩：「佗乃下刀，割開皮肉，直至於骨，骨上已青；佗用刀刮骨，悉悉有聲，帳上帳下見者，皆掩面失色。公飲酒食肉，談笑弈棋，全無痛苦之色。」（見三國演義）。

（十七）充滿自信：建安十九年公元 214 年，劉備在奪取益州過程中，收降了馬超，自領益州牧後，拜馬超為平西將軍。關羽因馬超並非舊友，又聞說馬超勇武，心中不服，便寫信給諸葛亮，問：「超人才可比誰類？」諸葛亮知其意，便回信說：「孟起〈馬超字孟起〉兼資文武，雄烈過人，一世之傑，黥〈黥布即英布〉、彭〈彭越〉之徒，當與益德〈張飛字益德〉並驅爭先，猶未及髯之絕倫逸群也。」（見三國志・蜀書・關羽傳）。關羽有一把好鬍鬚，所以諸葛亮稱他為美髯公。關羽得信，大悅，把它拿給賓客傳看。

（十八）聞過能改不斷進步：建安二十四年〈西元二一九年〉七月，黃忠陣斬曹軍名將夏侯淵，因功升為征西將軍。同年劉備進位漢中王，任命關羽為前將軍，黃忠為後將軍，張飛為右將軍，馬超為左將軍。諸葛亮對劉備說：「忠之名望，素非關、馬之倫也，而今便令同列。馬、張在近，親見其功，尚可喻指；關遙聞之，恐必不悅，得無不可乎？」劉備說：「吾自當解之。」《三國志・蜀書・黃忠傳》。並派益州前部司馬費詩去給關羽送印綬。關羽聞說黃忠與己並列，大怒道：「大丈夫終不與老兵同列？」不肯接受任命。費詩對關羽說：「夫立王業者，所用非一。昔蕭〈蕭何〉、曹〈曹參〉與高祖〈劉邦〉少小親舊，而陳〈陳平〉、韓〈韓信〉亡命後主，論其班列，韓最居上，未聞蕭、曹以此為怨。今以一時之功隆崇於漢升，然意之輕重，寧當與君侯齊乎？且王與君侯譬猶一體，同休等戚，禍福共之，愚為君侯不宜計官號之高下、爵祿之多少為意也。僕一介之使，銜命之人，君侯不受拜，如是便還，但相為惜此舉動，恐有後悔耳？」關羽大為感悟，遂拜受印綬。可見其聞過能改，豪不在意。

（十九）絕倫逸群、「超群絕倫」：（三國志·關羽傳）有書、「孟起兼資文武，雄烈過人，一世之傑，黥、彭之徒，當與益德並驅爭先，猶未及髯」之「絕倫逸群」也。

以上試以條列方式，勉予提出法喜的體驗，事實上每一條目所列，都只是一個趨向，也都可以專文探討。「仁」雖為孔子做人依循的憑藉，和關公緊守的行為標準。但他們自己並不以「仁者自居」，僅以學習聖賢之「仁」為己志，示範他人從生活中去實踐仁德。以生命彼此呼應的方式，去呈現一種「生生不已、源頭活水的生活世界」。讓眾學生晚輩對於「道」能心嚮往之，願以「德」來陶鑄自己的本性，能從自己的生活經驗中去體會「仁」的真諦。

陸、結論

本文論「仁」的實踐，並論在「仁」的薰習教化中，培養健康的身體。在探討過程中，將體育與孔子論仁的部分加以整理。發現孔子在論仁的實踐，是非常重視身心訓練，以要求健康的身體。此一健康的身體不只是生理方面的健康，更是心理方面的身心健康。

進一步發現，孔子的體育思想，不僅僅是個人的發展、尚包含了休閒娛樂、個別差異、適性教育、團體合作、遵守規範、自衛衛國、克己愛人，也就是目前我國體育教育的目的，並加以印證關公行為準則、無怪乎講到關聖人，就想到文聖人先師孔子。

全文研究後，再論及孔子、關公行事教誨的行動樣式，其生成法喜可謂方方面面深入人心，語言文字雖不易描述法喜經驗之本來面目。但本文勉以條列式舉出其本來面目之趨向。希望能放諸四海、東西思想而皆可用。

此誠為：「居處恭，執事敬，與人忠；雖之夷狄，不可棄也。」（子路）

本文由以如入如的直觀法、現象學的描繪法、以及詮釋法詳論關聖帝君仁、義、禮、智、信的實踐面和對東西方文化影響之思想面，可以得到以下五個結果。

一、仁的實踐，在於保守身體。

孔子行仁、關帝行仁，要求的是將良好行為緊守實踐，不可因外在環境而找理由推拖遲延。用之推演到現代，就是要養成勤愛保護身體的習慣，多運動以養有用身體來服務人群，故曰：「仁的實踐，保守身體健康。」

二、義的實踐，建構良好人際關係。

試看帝君之所為，忠於兄弟之義，成就桃園三結義。對朋友、對兄嫂之義，其義行名滿天下，流傳後世，受世人尊敬，是為人相待之典範。故：「見關帝之行義，為吾人發展人際關係之楷模。」

三、關帝之禮，是家庭親情的展現。

千里尋兄是對兄長敬愛感情的體現，對張飛更有兄弟手足之情，對兄嫂之禮，應對得宜，以上所行，都是一種家庭親情的表現，故曰：「關羽禮的實踐，足可啟發我們家庭經營融合。」

四、關聖之智，充分提供吾人事業成功之表率。

關羽獨守荊州，北拒曹操東拒孫權兩大強權。協助上司劉備，分析各種局勢，建立蜀漢基業。又勤於讀書，充實智能。因此可說：「效關羽之智，有助成就事業。」

五、關羽之信，給後世精進修行之表率。

關羽重諾然、守信用，和曹操約法三章是守信用，與兄長、同事同甘共苦是守信用。其所行、為釋教、道教教義所趨同的人生價值觀念，是宗教最強調「精進修行，方能得到無上智慧。」

參考文獻

一、古籍：

漢．司馬遷，《史記》（台北市：大申書局，1977 年）。

漢．班固撰，唐．顏師古注，楊家駱主編《新校本漢書》（台北：鼎文書局，1979）。

清．郭慶藩編《莊子集釋》（台北市：萬卷樓圖書有限公司 1993 年）。

《十三經注疏．尚書》（台北縣：藝文印書館，1993 年）。

《十三經注疏．禮記》（台北縣：藝文印書館，1993 年）。

《十三經注疏．論語》（台北縣：藝文印書館，1993 年）。

《十三經注疏．詩經》（台北縣：藝文印書館，1993 年）。

二、今人著作：

Maslow, A.H.(1976). Religions, v alues, and peak-experiences. New York, NY : Penguin B ooks.

王邦雄，《老子的哲學》（台北市：東大圖書，2004 年），修定二版。

王邦雄等，《倫語義裡疏解》（台北縣：鵝湖出版社，1982 初版，2007 年）。

牟宗三，《中國哲學十九講：中國哲學之簡述及其涵蘊之問題》（台北市：台灣11．學生書局，1983年）。

余英時，朱熹的歷史世界：宋代士大夫政治文化的研究　臺北：允晨文化實業股份有限公司，2003年。

吳木崑，杜威經驗哲學對課程與教學之啟示　臺北市立教育大學學報。第40卷第一期，2017年。

林松等譯注，朱熹集注，《四書》（台北市：臺灣古籍出版社，1996年）。

屈萬里，〈仁字涵義之史的觀察〉，收錄於楊化之編，《孔子研究》（台北市，台灣書局，1960年）。

季旭昇，《說文新證》（下），（臺北藝文印書館2004年11月版）。

林安梧，《論語——走向生活世界的儒學》：（台北市：文海基金會，1995）

林安梧，《儒家革命論：後新儒家哲學的問題向度》（台北市：台灣學生書局，1998年）。

林安梧，《人文學方法論》：（台灣：讀冊文化事業公司印行，2000年）

高明，《古文字類編》（北京：中華書局1980 年）。

唐君毅，《中國哲學原論 • 原道篇弍》（台北市：台灣學生書局，1986年全集校定版）。

郭沫若，《十批判書》（台北市：東方出版社 1996 年）。

張光裕，《郭店楚簡研究・第一卷・文字編》（台北：藝文印書館出版 1999 年）黃克劍、林少敏編《當代新儒學八大家集——牟宗三集》（北京：群言出版社，1993 年）。

蔡仁厚，《孔孟荀哲學》（台北：台灣學生書局，1984 年）。

董作賓，《董作賓 先生全集乙編，第四冊》（台北縣，藝文印書館，1977 年）。

周何、邱德修編，《國語活用辭典》（台北市：五南圖書 1987 年初版 2005 年）。

三、數位版

《中文大辭典》（台北市：中國文化大學，資訊中心）。

第二章

「義」的實踐策略——創造通達的人際關係

人際關係
義
仁 親
義 朋
玄門真宗
信
人生以
服務為目的
智 友
禮 戚

「義」的實踐策略——創造通達的人際關係

陳世穎
臺中市霧峰區四德國民小學校長

摘要

本文旨在探討關公信仰「義」的實踐策略，即「創造通達的人際關係」，首先闡述關公生平事蹟，關公乃是三國時代的傑出將領，更因為其忠義精神而化身為神明，接著析論關公「義」的形象，可分為兄弟之義、君臣之義、朋友之義、華容放曹深明大義等四個層面，進而探討「義」的定義及其現代性，所謂「義」就是「行事合宜」，在行為處世上能夠非常妥當合宜，義是人際之間的一種道德規範，整體而言，關公「義」的普世價值觀就是「創造通達的人際關係」。

在人際關係方面，首先分析人際關係的意涵，人際關係是指人與人之間的一種社會互動方式，是生活中不可或缺的重要層面，接著探討人際關係的發展階段，大致可分為接觸期、探索期、親密期、衰退期及解體期等五個階段，再論述人際關係的重要性，有延長壽命減少疾病、增加快樂與幸福感、有助職場生涯發展等八項重要功能，並說明人際關係的相關理論則包含了人際關係三向度理論、心理社會發展論等八種學說以驗證人際關係相關理論基礎。

最後提出五常導師的生活應用-人際關係課程之「人際關係八大技巧」，包含一、見面時，親切的問候（微笑）。二、常說請、謝謝。三、記得別人的名字，並經常使用它。四、從肢體語言中表達你的誠懇與善意。五、常常有關心別人感受的想法。六、要求別人做事時，勿用命令式的口氣。七、以身作則。八、己所不欲，勿施於人等重要人際關係應用技巧，在正向人格形成與社會適應上有其實際的功效。

關鍵字：義、實踐策略、關公信仰、五常導師、人際關係

壹、前言

隨著社會結構的改變，台灣近幾十年來原本農業社會的家庭結構已逐漸解體，高科技的發展加深人際間的距離，高犯罪率及自殺率更清楚地證明物質享樂，並不能給人們長久的快樂與生活滿足，憂鬱症已與愛滋病和癌症並列為本世紀三大疾病，關公信仰向來重視充實人們內心世界，滿足人類社會需求，並強化人際之間的互動，故研究如何以關公信仰來有效解決現代問題，是一項重要的議題，關公所代表的普世價值，更是當今重建人類道德希望之所在。

關公是華人社區最廣泛的一位神祇，關公的民間故事、德性與信仰，都對人們的思想、性格或習慣具有潛移默化之效，在民間能佛道兩教降妖伏魔、為士人求功名利祿、為農民呼風喚雨、為商人招財進寶；並為公侯進官加爵、為帝王護國佑民，深受軍方、警界認同，亦為江湖弟兄所供奉，此種君民皆拜、官盜皆崇的特殊現象，可說在古今中外皆為少見（嚴國銘，2009），也有眾多宗教團體，在認知關公信仰帶給人們心靈慰藉的同時，更期望運用關公信仰「仁、義、禮、智、信」的精神來教化信眾、推廣社會道德，裨益民眾能提升知識與道德，關公信仰若能成為普世價值，則可為混亂的現代社會帶來良好秩序以及人際間的和諧互動，促使人們自我超越與成長，進而增進國家社會福址。

貳、關公生平事蹟

關羽字雲長，為關公之本名，河東解人也，是位家喻戶曉的三國人物，在記載三國歷史最具權威的著作中，首推陳壽所撰寫、裴松注解之《三國志》，或並稱壽志裴注。陳壽生於晉惠帝永康七年，距離關公去世差七十八年，再者，陳壽是蜀國人，對蜀漢歷史較為熟悉，裴松之注解，亦距離三國時期僅一百五十餘年，因此《三國志》所記載之關公事蹟，應該最接近史實。

歷年來關公的相關研究不計其數，最早可溯及元朝胡琦所記載關公傳記的《關王事蹟》五卷。五卷中的〈實錄〉記載關公本傳、〈八圖〉記載關公相關遺物圖文，〈四門〉則記載包括「靈異」、「制命」、「碑記」、「題詠」的相關內容。

據史書記載，關公十七歲結婚，十八歲生子關平，二十九歲因當地鹽商欺壓百姓，關公挺身赴險為民除害，而逃亡到河北涿州，結識張飛、劉備，三人情若兄弟，進而金蘭結盟，關公從而跟隨劉備，為匡復漢室南征北討，四十歲時冊封為漢壽亭侯，四十九歲冊封為襄陽太守與蕩寇將軍，五十四歲冊封為董督荊州事，五十九歲時，在湖北當陽壯烈犧牲。傳說關公身長九尺六寸、鬚長一尺六寸，面如重棗，唇若抹朱，丹鳳眼，臥蠶眉，與其忠義之氣概正好互為表裏，是以讚曰：「精忠沖日月，義氣貫乾坤，面赤心尤赤，鬚長義更長（盧弼，2004）。

關公不但是三國時代的傑出將領，更因為其忠義精神而化身為神明。儒釋道三教均將關公納入各自的神明體系。儒教奉為五位文昌帝君之一，又尊為文衡聖帝、關西夫子；佛教奉為蓋天古佛；道教尊為協天大帝、翊漢天尊。關公之尊稱還有漢壽亭侯、關聖帝君、文衡聖帝、武聖、關帝、關夫子、武財神、伽藍菩薩、協天大帝、翊漢天尊等，民間則尊稱為關二哥、關老爺、恩主公等，名目雖多卻均為對祂的崇拜與讚譽。

參、論關公「義」的形象

關公一生匡扶漢室矢志不渝，南征北戰，威震華夏，其所代表的「仁、義、禮、智、信」精神，正是關公信仰的發端，而關公所具備的諸多德性當中，最為人所推崇與景仰，便是其「義薄雲天」精神，關公「義」的展現，可分為兄弟之義、君臣之義、朋友之義、華容放曹深明大義等四個層面（梅錚錚，1994；嚴國銘，2009；孫秀君，2010；彭允妤，2017），分述如下：

一、兄弟之義

劉關張三人共同的目標是匡扶漢室，所以三人於桃園結拜成為兄弟，其兄弟之義是建立在報效國家，造福黎民百姓的基礎上，關公對劉備的忠心重義，一方面是兄弟之間的義，另一方面也是對兄弟誓言的忠誠。這兄弟之義，展現患難相扶、禍福與共的高尚品格。

《三國志》記載「先主與二人寢則同床，恩若兄弟。而稠人廣坐，侍立終日，隨先主周旋，不避艱險」，可知劉關張三人情同手足，非常親近。因此關公更加倍回報劉備以「侍立終日，隨先主周旋，不避艱險」。所謂同心同德的兄弟義氣，正是千百年來人們所嚮往的道德規範（梅錚錚，1994），關公對兄弟的義氣，不但增添其英雄魅力，也讓從古至今的英雄人物或江湖幫派份子，都以關公的義氣，作為價值的標準，更進一步將關公視為崇拜的對象。

二、朋友之義

《三國志》記載「曹公禽羽以歸，拜為偏將軍，禮之甚厚。紹遣大將軍顏良攻東郡太守劉延於白馬，曹公使張遼及羽為先鋒擊之。羽望見良麾蓋，策馬刺良於萬眾之中，斬其首還，紹諸將莫能當者，遂解白馬圍。曹公即表封羽為漢壽亭侯」，曹操攻打劉備，兄弟三人走散，關公為了劉備家眷的安全，被迫降於曹操，曹操十分欣賞關公，不但待之以禮，賜與許多綾羅綢緞、金銀器皿、美女侍奉、以及珍貴的赤兔寶馬，儘管曹操如此厚待，關公始終不願投靠於曹營，關公的好朋友張遼來探訪，邀請關公歸順曹營，關公嘆曰：「吾極知曹公待我厚，然吾受劉將軍厚恩，誓以共死，不可背之」，也就是說關公知道曹操待之以禮，但祂已經接受劉備厚恩，也一起在桃園結義立誓同生共死，這個誓言不可能違背，如果劉備已於戰役中去世，關公則「願從於地下」，關公對曹操的引誘無動於衷，對劉備忠心耿耿，關公的忠義精神何其罕見，又令人感佩。而曹操的恩情關公也沒有辜負，對曹操的態度以及禮節可說是應對恰到好處。視曹操為有恩於自己的知交，而非長官，對曹操的厚愛內心充滿感激，而又不失其對劉備之忠心（嚴國銘，2009）。除劉備之外，大概只有曹操才能讓關公願意賣命逼為其報恩，對袁紹壯盛的軍容，及勇猛的武將，關羽「策馬刺良於萬眾之中，斬其首還」，以報答曹操的恩情，這也為華容放曹深明大義埋下伏筆，關公願意為朋友而置個人死生於度外的義氣，也令人動容。

三、君臣之義

《三國志》記載「初，曹公壯羽為人，而察其心神無久留之意，謂張遼曰：『卿試以情問之。』既而遼以問羽，羽歎曰：『吾極知曹公待我厚，然吾受劉將軍厚恩，誓以共死，不可背之。吾終不留，吾要當立效以報曹公乃去。』遼以羽言報曹公，曹公義之。及羽殺顏良，曹公知其必去，重加賞賜。羽盡封其所賜，拜書告辭，而奔先主於袁軍。左右欲追之，曹公曰：『彼各為其主，勿追也。』」

關羽斬顏良回報曹操恩情之後，即使知道曹操必會重加賞賜，他還是毅然決定即刻尋找劉備奔向袁紹軍團，此種對世間名利的誘惑視之如浮雲的「生死與共」精神，也令曹操十分佩服，而要求其將領不必追擊關公，其將領對關公堅持一生只事一主的忠義精神也感佩萬分，從古至今不論市井小民、知識分子乃至王公貴族，大都認為關公是位最能象徵忠義精神的神祇。

四、華容放曹深明大義

曹操率領百萬大軍從北方浩浩蕩蕩南下，準備於赤壁之戰中，一舉消滅孫權、劉備等人的勢力。但曹操的北方軍隊並不習慣水戰，而且大江之上潮起潮落，戰船顛簸不定，北軍深受其苦，多有因而病倒，嚴重影響曹軍的戰鬥力。曹操為解決這問題，遂命以大鐵鏈和木板連接戰船，猶如城堡，使步騎可在上馳騁，以利攻戰。針對曹軍的連環船，東吳主帥周瑜派老將黃蓋向曹操詐稱以糧船投降，操信以為真。在「投降」之時，黃蓋開出戰船數十艘，前面10艘滿載乾柴草，澆了油，以布遮蓋，上插與曹操約定的旗號。當黃蓋的戰船接近曹軍船艦時，立即舉火，火船直衝曹操的水師。由於連環船互相連接，一時無法散開，加上東南風急，火勢很快便蔓延起來，甚至波及岸上營寨，曹軍人馬燒溺死者甚眾，潰不成軍，曹操狼狽逃跑敗走華容道，關公鎮守華容道，曹操恐難以脫身，此時程昱向曹操提議，曹操之前對關公有恩，如果親自說情，便可以脫離此災難。關公在立有生死軍令狀的情況下，還是感念曹操厚恩而選擇報恩釋放了曹操，曹操曾以禮相待關公，關公曾承諾將會回報曹操的恩情。雖然堅守「義不負心，忠不顧死」的諾言，「財賄不足以動其心，爵祿不足以移其志」，但祂畢竟是義重如山之人，對於曹操的恩義，「卻又梗介於心，並沒能一塵不染。」（彭允好，2017），在釋放曹操將會是死罪的情況之下，仍然以「義」為重。這更是關公最令人念佩之處，也因為這樣的行為更突顯關公的「義」，「將義提高到政治原則之上，讓關公無論對象，不管後果，一律人以情來，我以義報。」這也就是為什麼關公能被後世尊為「忠義之神」，由此也贏得後人的讚譽：「拼將一死酬知己，致令千秋仰義名。」關羽自始至終追隨劉備，對劉備的結義之情以及面對曹操時，不顧自身、還報恩情的義氣，「超越了死亡，更是他受後人景仰精神光輝的表現。」（孫秀君，2010）

肆、「義」的定義

關公英勇過人、義薄雲天的形象，集中表現在所謂「義」的精神之上，關公的義影響廣大，他是人類處事待人的根本。」（戈壁，1993），在瞭解論關公「義」的形象之後，有必要對「義」的內涵作進一步的探討。

什麼是「義」呢？漢語大辭典指出，義者，宜也。裁製萬物，各使宜也。意謂公正合宜的道理或舉動。引申為正正當當的行為，合乎正義或公益的行事。而儒家十義也提出倫理道德的十個原則包含父慈、子孝、兄良、弟悌、夫義、婦聽、長惠、幼順、君仁、臣忠。《禮記．禮運》：「何謂人義？父慈、子孝、兄良、弟悌、夫義、婦聽、長惠、幼順、君仁、臣忠……故聖人之所以治人七情，脩十義，講信脩睦，尚辭讓，去爭奪，舍禮何以治之？」，道家亦提倡「義」，《雲笈七籤》卷一百：「帝（黃帝）始制七情，行十義之教……十義者，君仁、臣忠、父慈、子孝、兄良，弟悌、夫義、婦聽、長惠、幼順十義也。」（中華關公信仰研究學會，2020），顯示我國古人非常注重十義，認為是每個人都要遵從，不可疏忽的事。

基督新教信仰的核心思想重視「因信稱義」，人原本在上帝面前是罪人，與上帝的恩典與祝福遠離；但是當我們信靠耶穌時，我們的罪就能被上帝赦免，在上帝面前成為一位無罪的「義人」。玉皇普渡聖經指出「義者，公正無私，無諂無驕，不淫不佚，輕財樂輸，見危必救，羞惡之心，人能行之，穩卜帝德，萬事回春。」，玄靈玉皇寶經則重視「凡因品三」，強調「克己懷人，自動臨朋戚友，修心正志，得欽天地鬼神。慈老憐貧，壽算綿延可蔔。矜孤恤寡，桂蘭昌茂可期。長展和顏，定荷耄髫資望。」（中華關公信仰研究學會，2020）

綜合上述可知，義就是「行事合宜」，在行為處世上能夠非常妥當合宜，義與生活息息相關，如果一個人常忘恩負義，那麼別人對你就不會以義相待，如果你對人重義氣、講信用，想必他人也會對你以義相對，因此義可以算是人際之間的一種道德規範。

關公的「義」含義最豐富也最廣泛，單一個「義」字，可擴充為忠義、正義、俠義、信義、仁義、禮義、義氣、義勇，所能表達的人格內涵相當深遠（丁孝明，2011）。關公所展現的重義精神，早已成為社會各階層的道德標準，「義」以成為社會大眾互信互利的道德標準，歷代國家均需要忠心不渝、廉潔不二的重義臣子，民間社會更需要能為朋友兩肋插刀，講究義氣的俠義人物。各行各業尊奉忠義精神為圭臬，因此「義」的理念可以解釋為關公信仰的核心價值，義是關公信仰最重要的內容。

人們之所以特別推崇關公，不是因爲祂的神威和武藝，而是敬重他的道德人格，人們把關公的思想、道德和精神，總括為「仁、義、禮、智、信」，作為規範人們生活和交往的道德模式，「處世以仁；待人以義；對家以禮；任事以智；修行以信」（中華關公信仰研究學會，2020），鮮明地體現出關公信仰的文化意涵。也因為關公集「仁、義、禮、智、信」美德於一身，自然也就形成華人社會上至王公將相，下至士農工商，廣泛信仰崇拜的神祇信仰，成為關公信仰長盛不衰的主要原因。

伍、論「義」的現代性

「義」雖是指行為的合宜性，但怎樣才算是合宜，因為時代的差異，在表現上卻有所不同，現代的人只知道表面的意思而不知道其深入的內涵，「義」在現代功利主義社會已經漸漸為人們所遺忘，現代社會充斥著虛偽和欺騙，分不清楚真假，新聞中常有恐嚇、詐騙、仿冒的事件，現代人群中的功利與個人主義觀念與關公的義氣之間的差距越來越大，因此應該發自內心去體會關公的重「義」精神，重新用各種角度來解析關公在人們心中的形象，不管從古代到現代，將熱情化做動力，探索關公信仰最真實及最重義氣的一面。

經過一千多年來對關公「義」的形象再塑造，歷經無數中華先輩對關公的神聖精神的演變，關公的「義」成為了具有為全社會所接受的價值，關公的歷史、傳說和演義也與中華關公信仰研究學會所倡導的道德情操相互印證，使關公的義具有了豐富具體的內涵，關公崇拜的普及，表現了傳統文化的道德精神，關公信仰融合華人心中的道德理想，玄門真宗五常導師課程十大宣言第七條指出「力行廣結善緣，關懷助人，對於親朋戚友和同修間的因緣相識、相處，應力求付出互相關懷提攜，需要協助時，熱心積極且無任何代價的心情。」，重視「義無反顧、渡己成人，一心不二，全力以赴。律己持戒，內外如一。率性顯真，無私心，不貪名利，一心只在利人利己」。強調義之五要為「從服務、幫助親、朋、戚、友的願心善念開始」，具體融合關公信仰的道德理想，成為中華民族惟一的也是最具典型代表意義的關公精神「義」的符號，「義」的象徵的最佳註解，整體而言，關公「義」的普世價值觀就是「創造通達的人際關係」(中華關公信仰研究學會，2020)。

陸、人際關係的意涵

人類是群居的動物，從一出生開始就與週遭所接觸的人發生各種關係，透過人際互動可以從中體驗深刻的生活經驗，滿足我們的基本需求，滿足各階段心理發展任務，可見人際關係是人們生活中的重要面向，良好的人際關係有助於個體發展健康的身心以及養成正向的人格，也是個體社會適應歷程中的重要關鍵。人際關係（interpersonal relationship）一詞廣泛地出現在人們生活周遭，但其定義究竟為何，筆者參閱文獻的過程當中發現眾家說法不一、國內外專家學者也有許多不同的看法，引述各專家學者的觀點如下：

國外學者Newcomb（1953）認為個體是否被其隸屬的團體所接納，會影響其人格發展社會適應，因此個人在組織中與他人互動方式十分重要，良好的互動將可促使個人需求被滿足，經由社會肯定增進個人成長，個體也較易發展更健全人格。Heider（1958）認為人際關係是指二人或三人之間少數人關係，是個人對他人的想法、期望、知覺與反應；Schutz（1958）認為人際關係是兩個或兩個以上的人，為了某方面之目的而產生的交互作用，人際關係具有接納、控制及情感等三種需求，這些需求即是人際關係的內涵；Theodorso（1970）則認為人際關係是人們為了維持社會互動，所產生一種個人關係的型態；Argyle（1987）說明人際關係是個體在某一段時間與某人保持很頻繁的社會接觸，這種接觸不只是表面的接觸，而可能是更深層的連結或依附的感覺；Brammer（1993）認為人際關係，又稱為人群關係，是人與人之間交互影響的一種狀態，它是一種社會影響的歷程；Michael（1996）認為人際關係是指在某一段時間裡與某人經常保持的社會接觸狀態；Baumeister & Leary（1995）認為人類天生渴望與他人建立正向且持續的人際互動關係，當個人與他人維持穩定的互動關係將會得到心理上的歸屬感；Heiman（2000）指出人際關係是人與人之間的

情感交流，彼此有高度意願分享想法和秘密，建立在具有坦誠和開放的胸懷和親密感的基礎上。

國內學者許勝雄（1980）從動態與靜態的觀點來說明人際關係，他認為以靜態觀點來看，人際關係是指人與人之間有所關聯，以動態觀點來看，是指人與人之間的交互關係；楊國樞（1984）認為人際關係是指人們相互交往的過程當中，人們彼此構成對方的刺激，進而影響對方對自己的感受、想法與行為，而對方的行為又轉成為自己的社會性刺激，這種具有連續性與互動性的關係就稱為人際關係；劉永元（1988）強調人際關係是指兩個或兩個以上的人，為某種目的而產生交互作用的歷程，其中包括個人對他人的知覺、評鑑、瞭解以及反應等成分，亦即個人對他人的看法、想法與做法等；張春興（1989）則認為人際關係是人與人之間的交互關係，它是一種心理的連結，人際關係的和諧與否則繫於個體待人處事的態度與能力；朱敬先（1992）指出個人的人際關係反應了個人生活於團體中尋求滿足社會需求的心理狀態，因此人際關係的變化與發展，決定於雙方心理需求滿足的程度，如果雙方互動交往過程中都能獲得彼此社會需求的滿足，才能發生與保持接近的心理關係，進而表現友好的情感，反之，如果其中一方對另一方呈現不友好、不真誠或不利的行為，就會引起另一方心理不安，此時雙方的關係會因而疏離或中止，甚至產生敵對的關係狀態；黃淑玲（1994）指出人際關係是兩個或兩個以上互有關聯的人，彼此產生交互作用的狀態或歷程，且其間也產生共同的知覺、評價、學習、瞭解、回饋、反應等因素轉變心理與行為模式，進而形成良性交流互動的歷程；張宏文（1996）認為人際關係是個人與個人之間的互動關係，廣義的人際關係包含文化制度模式，亦是一種社會關係；陳明義、廖蒼洲（1998）認為人際關係強調的是人與人之間在互動過程中直接的心理關係，重視個人如何透過良好的溝通與行動，以建立和他人的良好關係；林欽榮（2001）指出的人際關係是指人與人之間相處的關係，亦即人際相處之道，故又可以稱為人我關係或人己關係；陳韻如（2001）主張人際關係係透過語言、思想、感情與反應，而與他人產生交互作用，互相影響以達成某種共同目的之歷程；楊慕慈（2002）指出人際關係是人彼此間所產生之關聯，可發生於同儕、異性、家庭、師生，乃至於與陌生人之間，彼此有共同的活動，或是為滿足個人不同層次之需要時，所建立之活動；徐西森等人（2002）則認為人際關係是指人際間之互相交往、交互影響的一種狀態，是一種社會影響的歷程，廣義的人際關係，包括親子關係、兩性關係、手足關係、勞資關係、師生關係等人與人之間任何有型態的互動關係，而狹義的人際關係則專指友伴關係、同儕關係、同事的人際互動關係；李佳倫（2007）認為人際關係是人與人之間的心理交會、情感的交流以及生命的對話，所形成的一種特殊關係，人際關係和諧與否，維繫著個人待人處事的態度與能力，同時人際關係受到實際狀況及期望的影響，人們期望發生什麼樣的人際關係，會深切的影響到個人的人際關係；顏柏霖（2010）認為人際關係即為個人與他人交流和互動當中，逐漸建立互相依存和彼此聯繫的社會性關係，可稱為社交或人際交往；羅

信生（2014）提出人際交往的方式包括語言或非語言等方式，彼此接觸、互動，進而形成彼此之間的心理連結，是一種社會影響的過程。

綜合上述觀點，我們可以了解人際關係的意涵是指人與人之間的一種社會互動方式，並在互動過程中藉著語言、思想、感情等模式分享彼此的想法、感受和行為，而這樣的關係是一種心靈交會、情感溝通與互動的歷程，個體能夠藉著人際間的互動來形成屬於自己獨特的人際關係網絡，也達到滿足心理的需求。可見人際關係是我們生活中不可或缺的重要層面。

人際互動的範圍極為廣泛，包括親子關係、家庭關係、同儕關係、異性關係、師生關係，以及同事間之關係等，係屬於社會學之範疇。人際關係與個體的思維、背景、態度、個性、行為模式及價值觀等有著密切之關係。而人際關係的好壞對於每個人的情緒、生活、工作，甚至於對每個人所處之組織都可能會帶來極大的影響。

柒、人際關係的發展階段

綜合學者的看法，人際關係的發展有其階段性，大致可分為接觸期、探索期、親密期、衰退期及解體期等五個階段（Devito,1994；張美紅，1996；陳偉杰，2018），說明如下：

一、接觸期

人際接觸的第一印象非常重要，人際關係的建立是從雙方首次見面之初，從彼此打量對方開始，此階段包含對人際互動對象的注意、選擇和初步溝通等多層面的心理活動，通常只有能讓我們感興趣的人，才會引起我們的注意，再來是選擇人際互動的對象，並與其保持良好的人際關係，通常只有在個體認為具有重要意義的人，才會選擇此人建立人際關係，在選定特定的人際互動對象之後，會試圖與其建立聯繫並採取實際行動，以獲得初步的瞭解，以便確認是否可與對方更進一步的互動交往，進而使彼此之間的人際關係獲得更明確的發展方向。

二、探索期

在人際關係的接觸期建立之後，彼此會嘗試進一步瞭解互動對象，而進入探索期，雙方逐漸進行廣泛的溝通，逐步增加自我暴露的深度與廣度，互動雙方彼此的人格特質、價值觀、興趣、特性、經歷與背景逐漸顯現，如果互動雙方覺得相談甚歡，則可能進入下一個階段，反之，如果雙方覺得格格不入，則可能只會停留在此探索期或逐漸疏遠，甚至結束雙方互動關係。

三、親密期

在探索期之後，互動雙方之間建立了默契與某種承諾，相聚的時間逐漸增加，言談內容更加深入與廣泛，也會開始涉及個人內在多方層面，並涉入較深的情感，互相提供對事物的評價與回饋訊息，提供個人建議、讚賞以及批評，也更加廣泛的自我暴露，並允許對方進入個人的私密領域，分享彼此的生活空間和健康、財產等，此為人際關係的高峰階段，但也可能因為其中一方感到缺乏安全感，或感到壓力，而刻意將此階段的人際關係引導回到探索期，以便保持距離與安全感。

四、衰退期

在親密期階段亦有可能因為彼此之間的相處磨擦、衝突或內外在環境改變等因素，導致雙方關係不再親密，而進入人際關係衰退期。

五、解離期

人際關係如果在發生磨擦或衝突，而導致雙方產生不愉快的感覺之後，除非彼此願意用建設性的方法來解決問題，否則雙方通常會在經歷分歧、收斂、冷漠、逃避、終止等五個階段後進入解離期，宣告終止彼此的人際關係，而不再互動與聯絡。

人際關係的發展階段並不表示每一種關係必然會從第一階段的接觸期建立關係走向第五階段

解離期的關係結束，並且在每一個階段，個體均有邁向下一個階段、或回到前一個階段、或是維持同一個階段的三種選擇，每一階段的時間長短也沒有限制，依照雙方的互動模式來決定，因此，人際關係的發展階段有複雜的發展與不同的變化。

捌、人際關係的重要性

人際關係在個體的心理需求中佔有重要的地位，良好的人際關係可以幫助人減少孤獨感，獲得別人的認同，增加自信心，並協助人們健康成長與發展，良好的人際關係對個人有八點重要性（林聯章，2002；苗延威，1996；鄭佩芬，2000；陳皎眉、鍾思嘉，1996；王淑俐，2000；Corsano,Majorano, & Champretavy,2006），說明如下：

一、延長壽命減少疾病

許多研究發現，配偶與親朋好友等良好人際關係的心理支持能幫助病人克服疾病，加快痊癒的速度。人際關係是一種社會支持，可以減少罹患精神疾病的機率，研究也發現有良好的人際關係或經常與他人保持良好互動的人，較缺乏人際互動的人更長壽，生活滿意度更高。

二、心理健康指標

人際關係是心理健康的指標，可用於檢定自我社會心理健康與否，一個心理健康的人會是喜歡自己、接納自己、自我瞭解的人，同時也是喜歡別人、接受別人、接納別人的人，能關心自己也關心別人，所以人際關係在人類社會中存有重要且不可動搖的地位，有良好的人際關係，對社會發展、個人工作與身心健康均有一定程度的助益。

三、滿足心理刺激需求

人和動物都一樣需要各種刺激，如果沒有足夠的刺激，就會變的退縮甚至死亡。而人際關係可以提供智慧上的刺激，如與人討論、交換意見，進而分析、推理的到智慧上刺激的滿足；實體的物理刺激，如拍拍背、握握手，讓我們感受到自己被需要、被肯定；情感的刺激，如經由與人相處，經驗喜、怒、哀、樂等各種情緒，並學習適當的處理方式。

四、滿足群性社會需求

人類是群性的動物，具有合群天性，只要有人存在的地方，勢必會群聚成為團體或組織，離群索居的生活難以在現代社會中生存，人一出生就與家庭、學校、社會密切結合，如何與人互動是個體重要的心理發展任務，國民教育在培養德、智、體、群、美，五育均衡發展的個體，如何融入社會，與人產生良好的關係，是個體發展成敗的重要關鍵。

五、促進自我瞭解、發展自我概念

個人與他人互動時，可以從別人對我們的反應或回饋中，發展出清晰、正確的自我畫像，人們的自我概念往往都是透過別人的看法組織而成。朋友就像鏡子一樣，可以把他們的感受反應給我們，讓我們可以從另一個角度來增進對自己的瞭解，人際網絡愈廣就擁有愈多方面的回饋，對自己會有比較公允的瞭解與看法，透過充分自我瞭解可以發展健全的自我概念。

六、增加快樂與幸福感

在歷經痛苦時，有人在旁安慰、鼓勵與協助，較不會感到孤單無助，容易恢復信心，有勇氣從失敗痛苦中再站起來；在成功時，有人分享你的榮耀、快樂，會使我們感到更快樂，更有意義和價值。當我們痛苦時，我們總是會找朋友或其他人，他們會安慰我們，告訴我們不會有問題，讓我們的痛苦與擔心獲得抒解。而針對孤獨感的研究結果顯示，覺得孤獨的人比較傾向覺得不幸福、沮喪、缺乏自尊等，而之所以覺得孤獨，通常是因為缺乏朋友或其他的人際關係，因為良好的人際關係可以提高個體的幸福感受。

七、促進個人成長，達到自我實現

人各有所長，親近不同能力、經驗的朋友，多學多聞能促進個人的成長。此外在人際交往的過程中，當他人喜歡我們、認同我們時，個人的自尊自然會提高，也能達成自我實現與肯定；反之，則會有被藐視的感覺。因此，與他人有良好的人際關係，會促進個人成長，滿足個人尋求自我實現與肯定的需求。

八、有助職場生涯發展

從生涯發展的觀點，一個人在職場中有兩種能力，其一是工作專業能力 (Professional skill)，其二是社會應變能力 (Social skill)。個人在職場工作中，如果社會能力不佳，與人接觸能力不佳，較不易有工作的升遷機會。

根據以上人際關係的功能的探討，我們可以發現人際關係在我們生命中，扮演相當重要的角色，我們都無法獨立於人際關係之外生存，因為人就是社會性的動物，從出生以來無時無刻都在建立關係，也在人際關係中滿足各種需求。人際關係的良窳，將對個體的成長與發展和彼此人際間的和諧、親密、互愛與互助關係具有決定性影響。倘若未能獲得良好的人際關係，必然使人處於孤獨、空虛與沮喪的負面情緒中，生活自然痛苦無趣，和諧的人際關係可以滿足個人許多的需求，更可促成其人格的健全發展，因此人人都需要與人建立和諧的人際關係。

玖、人際關係的相關理論

人際關係的研究在社會學、教育學與心理學上受到重視，有關人際關係的理論，也因學者的見解不同，發展出各種不同的理論。以下就重要的人際關係理論分述如下：

一、Schutz 人際關係三向度理論

Schutz（1960）提出人際關係三向度理論，亦稱為人際需求理論，其主張人際關係的建立或維持，是建立在個人的心理需求基礎上，Schutz 認為每一個人都有人際關係的需求，人際關係需求可

分成情感需求 (Affection need)、歸屬需求 (Inclusion need)、控制需求 (Control need)，以下分別介紹三種需求：

（一）情感需求

情感需求反應一個人表達和接受情感的不同程度需求，情感需求太少者，稱為「缺乏人際關係者」(under personal)，避諱談到自己的內心與感情之事，很少對人表示強烈的情感，也避免與他人產生親密行為，逃避與他人互動；情感需求過多者，稱為「過度人際關係者」(over personal)，則容易相信他人，並也希望被他人當做密友，親切地想和每一個人建立親密的人際關係，需藉由他人的愛，以安定內心不穩的情感。情感需求過多或太少者，對於被人喜愛與討厭存有強烈的焦慮感，唯有情感需求合宜的人，能接受他人的情感，也能接受他人的拒絕，並對自身人際關係感到滿意，能從與他人的種種關係中獲得快樂，才能在情感的接受與拒絕抉擇中做最佳的調整，以達成融洽的人際關係。

（二）歸屬需求

歸屬需求是指個體希望能夠被團體接納的一種慾望，歸屬是覺得自己有重要性、有價值性、有人愛與被關愛的一種感覺。個人如能歸屬於團體中，就會有安全感與幸福感。歸屬需求太少者，容易傾向於害羞、內向和怯懦，較與人保持距離，不善社交；歸屬需求太多者，容易過分尋求他人的接納，依賴性較重。每個人都有被接納的需求，但這種接納需求的強度則是因人而異，過度與不及，對於良好人際關係的發展無所助益，唯有適度的接納需求，較能悠閒自在的處於人群間，才能有良好的人際關係。

（三）控制需求

控制需求是希望能夠成功地影響與支配週遭的人事物的慾望，控制是指個人在權力、人際關係間所作操縱、掌握、決定的過程。控制的需求高低，在人際互動的過程中扮演著主導的角色。此需求較高的個體在人際關係中的競爭性較強，容易給人壓力；控制需求較低的個體容易服從權威，比較不願意去承擔責任。控制需求的高低會影響個體在人際關係中扮演的角色與地位，過與不及對於個體在人際互動中都會產生不好的影響。控制需求中庸者，說話、做事皆能合乎分寸，適當調整自己，較能成功扮演社會角色。

人際需求理論清楚解釋人與人之間互動過程與互動關係的需求，人際關係間的許多行為模式、心理感受皆能清楚詮釋。

二、心理社會發展論

Erikson（1985）認為個體成長階段必須不斷與社會環境互動才能發展健全人格，因此社會環境對個體發展具有重要影響，並發展出「心理社會發展論」，將人生發展階段分為八個時期，每一階段都有重要待解決的問題，個體如果能將危機化為轉機，則個人身心將順利發展，分述如下：

（一）出生至18個月時期之信任對不信任：對母親或撫養人信任感的建立。

（二）十八個月至三歲時期之自律對懷疑：父母親自律性的建立。

（三）三歲至六歲時期之自主對內疚：家人主動性的建立。

（四）六歲至十二歲時期之勤勉對自卑：鄰居、學校勤勉性的建立。

（五）十二歲至十八歲時期之統整對混淆：同儕、領袖、楷模肯定感的建立。

（六）成人初期：親密對孤獨，朋友、異性、夥伴親密感的建立。

（七）成人中期：繁衍對停滯，分工合作的人親職感的建立。

（八）成人後期：圓滿對絕望，人類圓滿感的建立。

三、社會交換理論

Kelly 與 Thibaut 以成本 - 酬賞的觀點提出社會交換理論（Social Exchange Thoery），認為人際關係皆可由酬賞與成本的概念來加以解釋，酬賞指實質的報酬或是心理上的滿足；成本指為了維持關係所付出的代價。此理論認為個體的社會行為皆是為了利己，與他人交往時，人們會從自己所花的時間和所付出的關懷等層面考量，評估人際互動後所得到的社會報酬，包含金錢、人際滿足、他人的讚許、受到尊重、心情愉快等因素，人與人之間的酬賞，包括滿足對方需求的各種活動，而代價則是維持關係所需付出的心力、時間等等，因此，酬賞與代價相互抵銷之後的結果，為關係是否能持續的重要因素，若所得報酬大於所付出之成本，則將促使彼此關係繼續發展，若雙方的互動無法達到彼此滿意的程度，則關係就不會產生（Knapp & Vagelisti,1992）。所以社會交換的人際關係理論強調社會互動過程中的社會行為是一種利益的交換。

四、平等理論

平等理論主張公平性是一種重要的社會規範，具有公平性的關係才是最穩定及愉悅的人際關係（黃安邦，1991）。平等理論以社會交換理論為基礎，進一步強調人際互動中雙方所得的「利潤」必需是公平的原則，認為人們在初期交往的人際關係會特別重視公平以及平等的關係，當互動的雙方感到受益太多或受益太少時，彼此的關係即處於不公平的狀態，這將會使互動雙方感受到壓力，造成雙方的不舒服或鬱悶（陳偉杰，2018），導致溝通行為的調整，趨向平等的關係發展。

五、人際溝通理論

人與人之間的溝通包含了語言交換與非語言之肢體動作的方式。所謂非語言途徑包括：手勢、眼神、身體的接觸、臉部的表情等，透過這些途徑雖沒有言語的媒介，也能傳達與溝通，如肢體的接觸是非語言溝通中「身體語言」的一種訊息傳達方式（Walther，1992）。非語言線索固然重要，語言線索亦為人際親密關係發展之重要依據，語言及非語言線索的傳播，讓使用者對未來的互動將有所期待，期望在初次互動之後能有進一步之交流，為使對方瞭解自己並減少不確定所帶來的不安，將極力自我坦露，以延續關係，增進親密互動。

六、Sullivan 的人際關係理論

Sullivan（1953）提出人際關係的人格論（Theory of Personality），以社會心理學的觀點，強調人格乃是人際關係交互作用的結果，主張人格乃是個人與他人交往中的行為表現，必須建立在具人際關係的社會情境中，多數人的父母是人生早期人際互動時的重要人物，於是人生早期發展的人際關係，即是從父母開始，隨後同儕關係才逐漸增加，到成年前期學習建立親密關係，最後通常就會進入婚姻關係。在此發展的過程中，因為嬰幼兒通常完全依賴父母來滿足其生理、心理的需求，因此嬰幼兒期如果缺乏愛及關懷，容易導致人際的不安全及焦慮。人際間的人格發展乃是個人在其生活環境中，與他人不斷地互動、交往適應的一種歷程。Sullivan 強調兒童早期的人際關

係扮演著塑造自我概念的角色，而自我概念不是天生的，是由他人的反應及評價來的（Teyber，2000）。因此我們被他人評價的方式會影響我們評價自己的方式，如果孩子在發展過程中能和重要他人有正向的人際互動，孩子將對自我有正向評價，反之，則會產生負向的自我概念。如果個體受到負向的自我評價而引起嚴重的焦慮時，個體會否認這是自我的一部份，甚至將其全部由意識面排除或推諉給他人，這樣的行為會讓個體的知覺與真實世界脫節，進而扭曲或誤解現實的人際關係，人際關係就會產生困擾和混淆。

七、客體關係理論

Holmes（1993）指出客體是外在世界的人或人的某些部份，以及內在精神中的客體，或是心中由這些關係所產生的表像。客體關係對嬰兒而言，並不把他人當作是一有獨立身份的個體，只知覺是能滿足其需求的客體。當自我與客體的關係模式一旦建立，就會影響日後的人際關係。幼兒早期經由母親的擁抱及哺乳過程感受到快樂與痛苦的經驗，此時母親如果能提供一個溫暖舒適的懷抱，建立嬰兒對自我與外在客體的信任及安全感，讓嬰兒放鬆適應生活，這種關係的品質將會影響日後嬰兒自我價值感與人際關係的發展。

八、華人關係理論

黃光國（2005）以社會交換理論為基礎，提出「人情與面子」人際理論，區分三大類人際關係，「情感性關係」是一種長久而穩定的社會關係，可以滿足個人在關愛、溫情、安全感、歸屬感等情感方面的需要；「工具性關係」主要目的是要獲得所希冀的某些物質目標，個人與他人建立關係時，不過是以這種關係作為獲得其他目標的一種手段或工具罷了，因此該關係基本上是短暫而不穩定的；「混合性關係」，交往雙方彼此認識並有一定程度的情感，但是它不如情感性關係那般的長久存在，也不像工具性關係那樣沒有進一步發展情感的可能性。混合性關係可能包含親戚、鄰居、師生、同學、同事、同鄉等社會關係。楊國樞（1984）將中國人的人際關係，依親疏程度分為家人關係、熟人關係及生人關係。在家人關係中，要講責任而不期望對方做對等的回報；在熟人關係中，相互要講人情，以雙方過去既有的人情為基礎，從事進一步的人情來往；在生人關係中，彼此照當時的實際利害情形而行事，雙方既無血緣關係，亦無人情關係，因此對給與取的平衡與公道相當敏感，對回報的期望也很高。

綜合上述人際關係相關理論，包含了人際關係三向度理論、心理社會發展論、社會交換理論、平等理論、人際溝通理論、人際關係理論、客體關係理論、華人關係理論等，分別以不同觀點來看人際關係，可見人際關係包含的範圍很廣，無一固定模式可言，亦可從各個向度來加以討論，然而，個體有與他人建立和諧、健全的人際關係、良性的互動的重要性則是不容置疑的事。

壹拾、影響人際關係之因素

人與人之間的互動多元且複雜，很難有固定的脈絡可循，也沒有放諸四海皆準的發展模式，但是想要與他人發展良好的人際關係，仍有一些人際關係的基本要素必須加以注意（蔡培村，2000）：

一、個人特質

個人特質是個人獨有的，包括先天遺傳及後天的習得兩大部分。外在特質除了天生、遺傳的部分之外，許多都是後天形成的，含外表與態度、聲音與表達、情緒反應與控制。內在特質也不完全是遺傳而來，不少是由環境或成長經驗中學習而來，如具有真誠（如誠實、值得信賴等），溫暖（如友善、正面態度），能力（擁有社交技巧，智慧）等特質者是最受歡迎的個體，這些特質可能隨著與人交往或自我成長而調整。此外，外表吸引力也是一個重要的因素，基本上，人們認為外貌姣好者通常也較成功、較聰明、較有趣、較獨立、較會交際、較具性吸引力，而在其他條件相等的情況下，不論男女，具有較佳外表的人較受人喜愛。

二、熟悉性

熟悉培養好感，只要某人經常出現在你面前，就能增加你喜歡他的程度，此稱之為「單純曝光效應」（mere exposure effect）。然而，曝光效應有其極限，如果一開始出現就感到強烈的厭惡時，則曝光效應將無從產生；過多的重複曝光可能引起厭惡或煩膩；二人的興趣、需求、或人格特質相衝突時，彼此間的衝突會誇大或惡化。

三、接近性

人們彼此間的空間距離與好感程度成反比，換言之，人們會和他們住得最近、坐得最近、甚至於編號或姓氏最近的人成為好朋友，所以近鄰比遠親更重要是有其道理的。分析其原因可能是如下：接近通常能增加其熟悉性；接近性經常與相似性有關係；近距離使得人們覺得彼此是「可接近」的；接近可以促使個人之認知失調因素漸趨「一致」。

四、相似性

如果當事者在交往中發現彼此的態度或條件相同，對雙方會產生社會增強作用或「英雄所見略同」的感覺，彼此容易相互維護，並協助提高對方的自尊，在此種情形下自然拉近了人際之間的距離。諸如學歷、態度、嗜好、容貌等，這些條件的相似是屬於個人方面的。

五、真誠的讚美

人們會喜歡對我們有正面評價的人，但是此等讚美需出於真心，而且不是別有用心的或企圖操縱的，應敏銳觀察別人，找出其心中渴望別人讚美的特質，加以適當的讚美。

六、自我揭露

適度的自我揭露（self-disclosure）可達成人際交往中情感互動和平等的需求，也可使對方更瞭解你，更可以拉近彼此間的距離。自我揭露亦為與他人共用內心的感受及訊息，可以分為敘述性的和評估性的兩大類，前者向他人透露自己的事實，後者向他人透露自己的意見與感受。其功能至少有表達、自我澄清、社會認可、社會控制、促進關係發展等五種。此外，自我揭露也存在著

「相對性」，彼此相當程度的自我揭露有助於彼此的相互喜歡，最有助於彼此關係的發展，此外，自我揭露的「適時」和「適地」性也是非常值得注意的地方。

七、同理心

所謂同理心是一種共鳴性的理解，亦即將自己融入對方的感覺世界中，設身處地去體察他人的感覺與體驗，對訊息賦予正確意義的解碼能力，對別人的話能充分的瞭解，避免自己的主觀系統造成干擾，並回饋給對方知道。同理心原則包含了傾聽、善解人意，及敘述事實就事論事等三個主要內涵。

八、互動中的雙贏策略

所謂雙贏策略，就是讓彼此合作的人都能獲得利益。在某些情況下，合作的目標或在達成目標的過程中，所衍生許多的附加利益，可以使參與合作的人互蒙其利、各取所需，達成需求的互補，此合作之過程即為雙贏局面，此時雙方的關係是平等互惠的。在瞭解人際關係的功能及影響人際關係的因素後，應更能瞭解與人相處時，除了要善用特質，與人誠懇相待之外，更應該能夠秉持開放、易於親近的心，設身處地的瞭解對方、注意對方的感受，並表現出積極的友好態度，不能只營求一己之私，應時時不忘提醒自己不可過於固執，如果能夠注意這些原則，相信對人際關係的發展，將是非常有幫助的。

壹拾壹、五常導師的生活應用－人際關係課程

人際關係在我們生命中，扮演相當重要的角色，人際關係的好壞對於每個人的情緒、生活、工作，甚至於對每個人所處之組織都可能會帶來極大的影響，良好的人際關係有助於個體發展健康的身心以及養成正向的人格，也是個體社會適應歷程中的重要關鍵。

人際關係的良窳，將對個體的成長與發展和彼此人際間的和諧、親密、互愛與互助關係具有決定性影響。倘若未能獲得良好的人際關係，必然使人處於孤獨、空虛與沮喪的負面情緒中，生活自然痛苦無趣，和諧的人際關係可以滿足個人許多的需求，更可促成其人格的健全發展，因此人人都需要與人建立和諧的人際關係。中華關公信仰研究學會依據關公信仰「義」－創造通達的人際關係的核心概念，提出「人際關係八大技巧」，在正向人格形成與社會適應上有其實際的功效，茲說明如下（中華關公信仰研究學會，2020）：

一、見面時，親切的問候（微笑）

見面問候是我們向他人表示尊重的一種方式。見面時的問候雖然只是簡單的寒喧、打招呼，卻代表著我們對人的尊重，是重要的禮儀之一，問候的順位大多是年紀輕、資歷淺者先開口問候長者，是基本的禮貌與尊重的表示，在團體會面時，後面入場者要先問候已到場者，大家再予以問候回應；理想的問候效果需要一些小技巧，首先要主動積極，主動問候會給對方溫暖的感受，也會在接下來的談話中得到好感，先問候別人並不表示地位較低，也是平易近人、真誠主動的展現，上級或領導者先問候下屬員工也是鼓勵員工的好方式，不但能表示對員工的認可與信賴，更會受到下屬及員工的愛戴。其次，問候的聲音要清澈響亮，與人初見面時，還不能預知對方的心理態度，明亮的問候能帶來良好的氣氛，如果聲音過小，對方沒有聽清楚，只看見你的嘴形在振動，也許還會造成誤解。再者，問候時要面帶微笑，並注視對方，明確地表達歡迎之意，微笑、點頭和致意的問候才能具有傳情達意的效果，只有硬而單純的口語表達，反而給對方感受到敷衍的或流於形式。因此問候的聲音明確響亮，面帶微笑發自內心的問候，更能建立良好人際關係。

二、常說請、謝謝

個人最基本的禮儀就是常說請、謝謝，熱誠友愛的人會對他人表現出熱情友善、樂於助人的態度與行為，國家的進步源於風氣良好的社會、素質高尚的人民，要做一個素質良好的社會公民就要從最基本的禮儀做起。常說「請」是最基本的禮儀之一。「請」是在公共場合使用頻率最高的語詞，主動邀請別人是人際互動成功的首要要訣，一個謙遜大方、熱情有禮的人必然能獲得他人尊重，邀請別人的態度誠懇，才能得到別人的正向回應，更會讓人覺得你謙遜和禮貌而願意與你互動交往，真誠有禮的關注別人就會得到別人的關注。而「謝謝」也是基本的社會禮儀，受到他人的幫助，就必需回應一句「謝謝」，雖然是很簡短的一個詞，但是從中可以讓人感受到你對他的在乎，以及對他為你的服務或勞動的尊重，一個能尊重和感謝他人服務的人，也會是一個關懷他人、關心社會，具有高度責任感的人。反之，一個對他人的服務抱持輕視態度的人，往往也是對他人漠不關心，一心追求自己的功名利祿和物質享受的人，只有懂得感激他人的人才能得到社會的認可和旁人的尊重。

三、記得別人的名字，並經常使用它

人際溝通專家黑幼龍先生認為贏得別人好感最簡單且顯著的方法就是記得他的名字，如果把記得別人的名字這種對客戶服務的態度和技巧，應用在人際關係中，就能使別人喜歡我們，甚至成為我們的好朋友。黑幼龍先生曾經到美國西雅圖參觀當地的卡內基訓練中心，並和許多講師進行討論會，他在上台發言時，特意將現場與會人員的名字引用到演講內容中，過了一段時間再與他們聯絡，他們就提到黑幼龍先生的演講讓大家印象最深刻的一件事，就是能記得每個人的名字。記憶和活用別人的名字，是贏取他們好感最簡單卻最顯著的辦法，在人際之間的互動上，要獲得他人的信任和支持，就是記得他的名字，並經常使用它（黑幼龍，2003）。

四、從肢體語言中表達你的誠懇與善意

除了說話之外，人們也會利用肢體語言來傳遞訊息，例如以微笑點頭表示友善、揮手表達道別等，非語言的肢體動作有時能傳達強而有力的訊息。肢體語言可以算是人類的第二種語言，它能顯現人們的外在風度和形象，從肢體語言中表達誠懇與善意，可以有以下幾個參考方向。

（一）真誠的眼神：研究發現，與人交談時，目光接觸對方臉部的時間最好占全部談話時間的30%~60%，如果超過這個比率，會讓人感覺你對對方本人比對談話內容更感興趣。反之，如果低於這個比率，則表示你對彼此的談話內容和對方本人均不感到興趣。

（二）適當的坐姿：與人交談時，最好坐在對方的對面，讓他能清楚地看到你，並且保持端莊姿態，不要坐得歪歪斜斜，或者將手臂支撐下巴，這樣往往會讓對方感覺你不尊重與輕視對方。

（三）善用生動表情：面部表情反應我們內在情感，需要適當地與談話內容相配合，我們要想讓對方感受誠懇與善意，配合言談內容的生動的表情能發揮相得益彰的作用。

五、常常有關心別人感受的想法

人際交往要在乎別人的存在，關心別人感受，把對方放在心上，常常有體會關懷別人感受的想法比良好的說話技巧更重要，「良言一句三冬暖，惡語傷人六月寒」，傷人的話就像一把長長的利劍，會刺入對方的心靈，造成一道深深的傷痕，說出的傷人的話，就是潑出去的水，再怎麼後悔也是收不回來的，所謂禍從口出，千萬別因為圖一時的口舌之快而對人說出傷人的話。一般來說，大部分善於說話，讓人喜愛的人，都不會說出傷害別人的話語，總是把對方放在心上，尊重對方的表現，能發自內心的關心別人感受，也是個人優良素養的展現。

把對方放在心上，對人關心和體貼，自然會讓人感到溫暖。多說關心別人的話，會贏得真心的感謝，體貼則代表了對別人的愛護、關切和照顧。與別人交往時為了表達出自己的關懷之情，在說話的時候，你可以有以下幾種方法：

（一）適時鼓勵：在遇到面對困難或是陷入困境的人時，可以適時地設身處地為其指出希望與方向，協助他振作精神，樂觀走出困境，對方會因而感激你的真誠善意。

（二）表示關心：能對所有人都懷有關心之情，真誠地表達出來，而不考慮對方的地位尊卑或貧賤富貴，常常關心別人感受的想法，別人自然也會將同樣的善意回報。

（三）表達尊重：能考慮對方的感受，就是尊重對方，而被你尊重的人，也會對你尊重與敬愛。

六、要求別人做事時，勿用命令式的口氣

生活中沒有人會喜歡被命令與被支配，這會讓人覺得不受尊重並受到輕視，想擁有更好的人際關係，就必須避免用命令的口氣，即使是我們的下屬或是子女，也不會喜歡聽到命令式的語言。具有良好人際關係的人，會講究說話的技巧，不管跟任何人說話都採取建議的方式，以個人魅力和能力來說服對方，只有人際關係不好又能力差的人，才會用高高在上的命令式語言與人說話。

七、以身作則

所謂「身教重於言教」，一個人的為人、行儀都不正當，想要指導別人是不容易被接受的。反之，自己行為健全、語言正當、心地善良，自然而然就會影響他人。父母要對兒女以身作則，因為父母的一言一行，都是兒女模仿的對象。如果父母老是吵架，當然兒女的性格就會好鬥、好辯；父母日日在外應酬，不回家吃飯，兒女怎麼肯天天待在家裡？父母菸酒不離，卻不准兒女抽

菸喝酒，他怎麼會服氣？父母說謊，叫兒女誠實；父母自私吝嗇，要兒女服務奉獻，這些都是難以做到的。因此，父母的一言一行，對兒女的影響實在至關重要。身為主管者，以德領眾最重要，千萬不可有本位主義，尤其敷衍塞責最是要不得。作一位主管，能以身作則，多一點勤勞、多一些規畫、多一分慈悲、多一分智慧，依部屬個人的體力、性向、能力去要求，不以自己的條件為標準，抱著「捨我其誰」的承擔態度，必定受到部屬的尊重。

八、己所不欲，勿施於人

孔子說：「己所不欲，勿施於人」。也就是說自己不願承受的事，也不應該強加在別人身上，要求別人做事時，首先自己本身也能做到，這樣才能心安理得，這是為人處事的重要原則。待人處事應該有寬廣的胸懷，寬宏大量，寬以待人。倘若自己所不願意做的，卻硬推給他人，不僅會破壞與他人的關係，也會將事情弄得僵持而不可收拾，這是尊重他人，平等待人的體現，人除了關注自身的存在以外，也必需關注他人的存在，切勿將己所不欲施於他人。

壹拾貳、結語

哈佛大學於 1938 年開始啟動了一項人類歷史上對於幸福人生長達 80 年的研究，持續追蹤 724 位受試者，從他們青少年時期到老年退休，透過家庭訪談與紀錄，最後得到一個很重要的啟示，幸福人生和財富、成就無關，只有良好的人際關係，才能讓我們生命更幸福、更健康。該研究的第四代主持人，哈佛大學醫學院教授 Robert Waldinger 對此結論做了三點說明：一、良好人際關係有益身心健康，而長期孤獨寂寞有害健康。二、朋友不在數量多少，而在彼此關係的親密程度。三、良好的人際關係能讓人們在年老時更健康 (Waldinger,2016)，這樣的研究結論，和中華關公信仰研究學會所倡導「義的實踐策略─創造通達的人際關係」之主張不謀而合，本文經由認識關公信仰「義」的定義及其現代性，了解關公「義」的普世價值觀即為「創造通達的人際關係」，進而理解人際關係的意涵、發展階段以及發展理論，最後具體實踐中華關公信仰學會五常導師生活應用之「人際關係八大技巧」，將能培養正向的人格，建立良好社會適應能力，進而實現幸福的人生。

參考文獻

丁孝明（2011）。論關帝信仰的成因及其文化意涵。關帝信仰與現代社會國際學術暨皈依科儀研討會會議論文集。136-144。
中華關公信仰研究學會（2020）。五常導師課程認證。彰化縣：玄門真宗。
戈壁（1993）。三國演義析評（4）：浪花淘盡英雄──關羽。明道文藝，204，54－65。
王淑俐（2000）。人際關係與溝通。台北市：三民書局。
朱敬先（1992）。健康心理學。台北市：五南。
李佳倫（2007）。國小學童依附關係、人際關係與社會適應之相關研究。國立嘉義大學教育學系碩士論文，嘉義市。
林聯章（2002）。人際關係之培養。T&D飛訊，1，3－4。
苗延威（1996）。人際關係剖析。台北市：巨流圖書。
孫秀君（2010）。英雄末路──論項羽與關羽的悲劇結局。東海大學圖書館館訊，104，59－66。
徐西森、連廷嘉、陳仙子、劉雅瑩（2002）。人際關係的理論與實務。台北市：心理出版社。
張宏文（1996）。實用人際關係學。台北市：商鼎文化。
張春興（1989），張氏心理學辭典，台北市：東華。
梅錚錚（1994）。忠義春秋：關公崇拜與民族文化心理。四川：人民出版社。

許勝雄（1980）。如何促進良好的人際關係。台灣教育，354，31－34。

陳偉杰（2018）。商船船員工作適應、人際關係與情緒管理關係之研究。國立臺灣海洋大學商船學系碩士論文，新北市。

陳皎眉、鍾思嘉（1996）。人際關係。台北市：幼獅文化。

陳義明、廖蒼洲（1998）。社團與人生。台中市：財團法人中華扶輪教育基金會。

陳韻如（2001）。理情團體諮商對國中人際孤立學生理性思考、自我概念與人際關係效果之研究。高雄師範大學教育系碩士論文，高雄。

彭允好（2017）。關公為何成了中華民族精神「義」的符號，「義」的象徵？。線上檢索日期：2020 年3月1日。網址：https：//kknews.cc/zh-tw/history/1x4q6zg.html

黃光國（2005）。華人關係主義的理論建構，輯於楊國樞、黃光國、楊中芳主編：華人本土心理學，第7章。台北市：遠流。

黃安邦（1991）社會心理學。台北市：五南圖書。

黃淑玲（1994）。國民小學學生人際關係、學業成就與自我概念相關之研究。國立高雄師範大學教育研究所碩士論文，高雄市。

黑幼龍（2003）。贏在影響力。台北：天下雜誌。

楊國樞（1984）。青年的人際關係，中國論壇。204，10－26。

楊慕慈（2002）。人際關係與溝通。台北市：禾楓出版社。

劉永元（1988）。單親兒童與正常家庭兒童人際關係、行為困擾及自我觀念之比較研究。國立高雄市範大學教育研究所碩士論文，高雄市。

蔡培村（2000）。人際關係。高雄市：復文書局。

鄭佩芬（2000）。人際關係與溝通技巧。台北市：揚智文化。

盧弼（2004）。三國志集解。新北市：漢林文化。

顏柏霖（2010）。Facebook 對大學生人際關係相關性之研究。國立屏東教育大學教育科技研究所碩士論文，屏東縣。

羅信生（2014）。大學生學習表現、人際關係與課堂焦慮之研究。國立暨南國際大學教育政策與行政學系碩士論文，南投縣。

嚴國銘（2009）。台灣關公信仰之儒家精神研究。華梵大學東方人文思想研究所碩士論文，新北市。

Baumeister, R. F., & Leary, M. R. (1995). The need to belong：Desire for interpersonal attachments as a fundamental human motivation. Psychological

Bulletin, 117, 497-529.

Brammer, L. M. (1993). The helpering relationship ‥ Process and skill. New York ‥ Allyn & Bacon.

Corsano, P., Majorano, M., & Champretavy, L. (2006). Psychological well-being in adolescence ‥ the contribution of interpersonal relations and experience of being alone. Adolescence, 41(162), 341-353.

Erikson, E. H., 1985. The life cycle completed. New York ‥ Norton.

Heider, F. (1958), The Psychology of Interpersonal Relations. NY ‥ John Wiley & Sons.

Heiman, T. (2000). Friendship quality among children in three educational settings . Journal of Intellectual & Development al Disability, 25(1), 1-12.

Holmes, J. (1993). John Bowlby and Attachment theory. New York ‥ Routledge.

Knapp, M., and Vangelisti, A. L. (1992). Interpersonal Communication and Human Relationships. 2nd, Boston.

Newcomb, T. M. (1953). An approach to the study of communication arts. Psy chology Review, 60, 393-404.

Schutz, W. C. (1960). A three-dimensional theory of interpersonal behavior. New York: Holt.

Schutz.W. C. (1958). A three-dimensional theory of interpersonal behavior. NY: Rinehart & Company.

Sullivan, H.S. (1953). The interpersonal theory of psychiatry, New York.

Teyber, E. (2000). Interpersonal process in psychotherapy: A relational approach, United States: Belmont.

Theodorso, I.G. (1970). Assessing Social Support: The Social Support Questionaire. Journal of Personality and Social Psychology, 44(1), 127-139.

Waldinger, R. (2016). What makes a good life? Lessons from the longest study on happiness [Video file].

Retrieved from https://www.youtube.com/watch?v=8KkKuTCFvzI&t=29s

Walther, J. B. (1992). Interpersonal effects in computer-mediated interaction: a relational perspective. Communication Research, 19(1), 52-90.

第三章

「禮」的實踐策略——經營和諧的圓滿家庭

仁
父母
義
兄弟姊妹
智
子女
禮
夫妻
玄門真宗
信
家庭和諧
知性可同居
家庭禮經營

「禮」的實踐策略——經營和諧的圓滿家庭

劉福鎔
臺中市立臺中家商校長

摘要

家庭是個微型社會(micro-society)，是個人出生後第一個有系統的環境，也是個人社會化的第一個場所。人是社會性的動物，人也是活在關係中，家庭關係是人際關係中最重要的一環，尤其是和諧家庭關係的營造更深深地影響一個人的身心健康與生活適應。

家庭是指一種以婚姻、血緣、收養或同居等關係而形成的共同生活單位，在民法上，稱家者，係指以永久共同目的而同居之親屬團體為之。

家庭具備許多功能，足以滿足成員不同的需求。一般而言，主要有生殖與養育的功能、教育與文化傳承的功能、保護與情感支持的功能、經濟的功能、休閒娛樂的功能等五項。

家庭結構雖有許多的改變，不變的是強調家人關係與家庭發展，尤其家庭功能不被取代的是「繁衍子代」、「社會化」及「情感支持」等三項功能，特別是情感支持的功能，藉著「承諾」與「溝通」會讓家庭運作更順暢，讓家人關係更親密，讓家庭氣氛更和諧。

華人社會普遍信仰的神祇關聖帝君（關公）文化重視仁、義、禮、智、信～五常德，認為讓生命圓滿的最好方法，就是落實五常德中的生活方式，而將之實踐於家庭經營，就是以「禮」來經營和諧圓滿的家庭，亦即侍奉父母能孝順，教養子女能盡責，手足相處能和睦，夫妻相待能合「禮」，自然能達到闔家安康之功效。

如何於經營涵容具有「禮」的本質與內涵的家庭，藉之創造和諧的關係，具體作法如下：致力營造良好環境，健全家庭功能；家庭成員間的彼此相互尊重，以禮相待；建立親密和諧的親子關係；建立家庭成員有效的溝通互動；鼓舞家庭成員堅守高貴的家庭價值；藉由承諾創造家庭的親密與熱情；以愛化礙，用寬容的胸襟化解互動關係的障礙；關懷陪伴，營造家人間親密的互動；維持清楚的家庭界限，創造家人間獨立的心理空間；支持肯認，提升家庭的凝聚力與認同感。

關鍵字：禮、圓滿家庭、五常德、實踐策略、關聖帝君

壹、前言

家庭是個微型社會（micro-society），是個人出生後第一個有系統的環境，也是個人社會化的第一個場所（黃宜翎，2015），父母及重要他人更是個人認同的主要對象與依據，家庭是人類所有社會中，規模最小、關係最親密，而且是經營最早、最久、最普通的團體（翁桓盛、許孟勤，2012），也可說是個人發展社會行為以及與他人互動的起點。

家庭是一個大的系統，因為家庭成員彼此之間的互動的關係與角色的不同，又可分成三個主要的次系統，分別是夫妻次系統，親子次系統與手足次系統，不同系統間的成員有著不同的互動關係，最主要的關係是夫妻關係、親子關係與手足關係，如果是在傳統的大家庭底下就可能還存在著祖孫關係、妯娌關係或是堂兄弟姊妹關係等（游淑華，2001），上述各個系統成員間的關係就構成了整體的家庭關係。

人是社會性的動物，人也是活在關係中，家庭關係是眾多人際關係的一種，更是人際關係中最重要的一環，因為家庭中的每一個成員都有著血濃於水的血緣關係，家人之間的關係太密切了，尤其是和諧家庭關係的營造更深深地影響一個人的身心健康與生活適應，如個人的人格特質、價值觀念、生活態度…等都深受家庭生活經驗的影響，家人間親密的情感關係是人類發展的基本需求，親密關係(intimacy)更是心理學家Erickson的心理社會發展理論八個階段中，「成年早期」階段必須完成的發展任務(Sharf，2012)；對於多數人而言，家庭是我們生命中最重要的地方，它能幫助或促進一個人的成長，但也可能威脅一個人的基本生存。家庭關係就像是一把雙面刃，家庭如果沒有經營或教育，就有可能產生貽害，正所謂「家庭會傷人」，多少人會因為家庭關係的不和諧導致夫妻感情失和、婚姻破裂、親子衝突與手足反目，不和諧的原生家庭關係更會經由代間傳遞，嚴重影響下一代的婚姻關係與家庭生活。可見親密和諧的家庭關係對個人人生發展的重要性著實不容小覷。

中華傳統文化是一個內涵非常豐富、博大精深的思想文化體系。中國歷朝歷代思想家所鑽研、揭櫫的哲學思想與信仰對於維繫家庭的人倫關係與社會運作提供了一條準繩，不論是儒家文化、佛教文化或道家思想皆對華人社會的結構、運作有著極為深遠的影響，所謂以儒治世，以佛治心，以道治身，儒、釋、道之三家，猶如三才離不開三光。除此之外，代表忠、孝、節、義的關聖帝君（俗稱關公，本文關聖帝君與關公交替使用）文化更是影響華人社會人倫關係的重要信仰，其所倡導的仁、義、禮、智、信對於和諧社會的運作，特別是現代家庭倫理關係的重建，更是一種普世所信仰的價值。因此，欲論如何經營和諧圓滿的家庭，勢必先認識與探究關聖帝君思想文化的內涵與奧義。

貳、關聖帝君及其思想

一、關聖帝君的生平

關聖帝君是華人歷史裡，唯一被儒、道、佛三教所共同承認的聖賢，同時也是在宗教上被賦予最高地位的神祇，關聖帝君崇拜甚至自成一個有別於三教的信仰系統～恩主公，在台灣地區廣受尊崇。關聖帝君之所以受到華人的最高尊崇，完全基於其一生忠義的人格，而這種風範又深刻、長遠的影響華人的價值觀與社會道德，所以關帝聖義精神才會被不斷反芻、回饋、深化，終於成為儒家外，華人社會的另一個重要文化代表（林金郎，2007）。

彭允妤(2019)曾發表：「關公忠義仁勇禮智信的七德故事」的專文，文中介紹了關公的生平及其「忠、義、仁、勇、禮、智、信」德性的故事，讀來令人讚嘆，亦能讓人深刻體認關公一生人品之崇高與行誼之偉大，茲引述其內容如下：

關公，名羽，字雲長，山西運城解州人，一生追隨劉備，忠心耿耿，不避艱險，輔佐劉備建立蜀漢政權。

關公忠、義、仁、勇、禮、智、信的人格品質，集中體現中華民族的傳統美德。如明神宗欽定醮典獻詞所云：「恭維關聖帝君，生前忠義，振萬古之綱常；身後威靈，保歷朝之泰運」。

歷代帝王不斷褒封，儒釋道教對其尊崇備至，儒家尊為「武聖」，與孔子齊名；道家尊為「三界伏魔大帝、神威遠鎮天尊、關聖帝君」；佛教尊為「蓋天古佛」、「護國明王佛」、「伽藍菩薩」。一千多年來，關公一直是歷來民間崇祀的對象，廣受世人的擁戴，成為忠義誠信的代表，成為護佑健康平安的精神寄託。

關帝廟有對聯稱：

「儒稱聖，釋稱佛，道稱天尊，三教盡皈依。式詹廟貌長新，無人不肅然起敬；漢封侯，宋封王，明封大帝，歷朝加尊號。矧是神功卓著，真所謂盪乎難名。」，足見關公一生行誼，是忠義仁勇美德典範，足堪後人效法，關聖帝君亦成為中國人民間普遍信仰的神祇。

二、關聖帝君的人格

華人對「成就」的定義與西方截然不同，西方的成就偏向認同「英雄主義」與「個人主義」，譬如馬斯洛 (Abraham H. Maslow) 便認為，人的最高成就是「自我實現」。但華人普遍認為，人之所以在歷史上「稱賢」、「稱聖」，不是基於生前的地位與顯赫，而是人格完成的德行、風範與奉獻，甚至，一個道德完人的地位可以由後人追諡，所以它是「道德主義」與「集體主義」的結合。更具體的說，它強調的不是「自我實現」，而是「共同實現」，它強調的不是「現世成就」而是「永世成就」，唯有聖義的德行能穿越自我與現世的限制，並透過成為民族的普世價值與精神，進而創造恆久的功業。這個理念用之於解釋關聖帝君的信仰最為適切。

林金郎 (2007) 指出：關聖帝君聖義的人格完成，被喻為奉行「五常」的典範：千里尋兄，不忘其本，此乃「仁」的表現；華容放曹，深明大義，此乃「義」的表現；秉燭達旦，守其大節，此乃「禮」的表現；水淹七軍，威震華夏，此乃「智」的表現；單刀赴會，取信魯肅，此乃「信」的表現。

關聖帝君奉行的五常與佛教的「五戒」有異曲同工之妙：不殺生謂之「仁」；不偷盜謂之「義」；不邪淫謂之「禮」；不飲酒謂之「智」；不妄語謂之「信」。或者可以說，五戒是消極的不作為，五常則是積極的作為，而這樣的作為不僅是「實踐」，更是「修練」，因為聖人能在充滿殘酷挫折與名利誘惑的紅塵世界裡，看破相色的虛妄，領悟生命的真諦，進而堅持道德的分際，無怨無悔的犧牲，惕勵人格的完成，所以才能稱之為「聖」。(林金郎，2007)

此外，《關聖帝君明聖真經》：「孝悌忠信人之本，禮義廉恥人之根」。所以《南天文衡聖帝傳略》尊稱關聖帝君為「八德全修」：孝，黃巾作亂，懇求雙親准其投效義軍。悌，桃園結義，友愛兄弟，至死不渝。忠，不事二主，麥城失利視死如歸。信，單刀赴會建立大信，不因危難而退縮。禮，保護兄嫂，秉燭達旦覽《春秋》。義，過五關斬六將，千里尋兄。廉：堅定操守，不

取曹操餽贈財寶。恥：羞惡勇氣，刮骨去毒，飲酒下棋談笑自若。（林金郎，2007）

因為經歷各種考驗，關聖帝君仍能奉行五常、八德全修，無有逾越，所以成就了中國歷史長久以來武人的最高境界～「武德」，而這個「武德」的中心便是「忠義」之道，也就是「義」，與孔子的「忠恕」之道，也就是「仁」，成為中國文武的兩大德目！所以歷代以來，乃至到民國初年，都有祭祀文武二聖的政府儀典。

綜觀關聖帝君的一生，其展現之忠、義、仁、勇、禮、智、信的思想與人格，亦可印證在其對人對事的生活故事中，以下將援引彭允好(2019)發表的專文內容，摘述其中精華以享：

忠的典故～掛印封金的忠貞

建安五年（公元200年），曹操東征劉備，下邳失陷，劉備妻子女兒被俘，關公被困土山，曹操派張遼勸降，關公以「我仗忠義而死，安得為天下笑！」進行拒絕，張遼告知劉備妻小被困曹營，關公土山約三事，進入曹營。面對曹操高官厚祿，財寶美女的拉攏利誘，關公對劉備依然忠貞不渝，堅如磐石。曹操派張遼試探關公心意：「倘玄德已棄世，公何所歸乎？」公曰：「願從於地下。」一當得知劉備下落後，關公毅然掛印封金，作書辭曹，追求還在寄居人下的劉備。曹操感慨地說：「忠而不忘其主，真天下義士！」

義的典故～桃園結義的情誼

關公在家鄉因為仗義除惡，逃難江湖。在涿郡結識了劉備和張飛，三人志同道合，一見如故，結為異姓兄弟。《三國演義》第一篇開場，即書寫劉備、關羽、張飛三人在桃園結義的情節。結義誓詞云：「雖然異姓，既結為兄弟，則同心協力，救困扶危；上報國家，下安黎庶，不求同年同月同日生，只願同年同月同日死。」從此開始了關公叱吒風雲的戎馬生涯，完美體現了符合中華民族所倡導的各種「義」的道德品格，被《三國演義》尊為「義絕」，中華民眾尊關公為「義」的化身。

仁的典故～仁釋黃忠的風範

建安十三年（公元 208 年），劉備南征荊南四郡。關公帶五百校刀手殺奔長沙，與老將黃忠對仗。黃忠馬失前蹄被掀倒在地，關公沒有趁人之危，反而喝道快快去換馬來再分勝負。關公不殺馬失前蹄的黃忠，而黃忠射箭不傷關公。太守韓玄大怒，欲殺黃忠，但被魏延所救，獻了長沙。後劉備等到，收了黃忠，魏延。關公戰長沙，光明磊落，仁者風範。關公與黃忠長沙之戰，是三國混戰中少有的和平結局，閃耀著亮麗的人文主義色彩和傳統文化的仁義道德品格。

勇的典故～單刀赴會的膽識

建安二十年（公元 215 年），劉備取益州，孫權令諸葛瑾找劉備索要荊州，遭劉備拒絕。孫權派呂蒙率軍取長沙、零陵、桂陽三郡。劉備派關公爭奪三郡。孫權進駐陸口，派魯肅屯兵益陽，抵擋關公。雙方劍拔弩張，孫劉聯盟面臨破裂。魯肅設下鴻門宴，安排好刀斧手，準備趁機擒拿關公，逼他交出荊州。關公接到邀請，明知這是陰謀，依然僅帶周倉前往。席間雙方沒有談攏，關公一手提刀，一手挽住魯肅，退到江邊，這時關平前來接應，安全離開。隨後，孫權與劉備商定平分荊州，〝割湘水為界，於是罷軍〞，孫劉聯盟因此能繼續維持。後人以「單刀赴會」為成語，讚頌赴會者的英雄虎膽，和智謀膽識。

禮的典故～夜讀春秋的節度

建安五年，關公進曹營之初，曹操設下陰謀，欲絕關公與劉備之情，故意安排關公與二嫂共處一室，「欲亂其上下，內外之禮。」關公把甘糜二嫂安置在室裡內休息，自己在戶外讀書守護，秉燭達旦，毫無倦色。關公嚴格恪守禮義之道，恪守君臣之禮，叔嫂之禮，朋友之禮，彰顯了關公清白無瑕，克己守禮的君子風範。曹操見關公如此，愈加敬服。關公夜讀春秋的形象也成了中華傳統禮義文明的道德楷模。

智的典故～水淹七軍的神勇

建安二十四年（公元219年），關公率軍從南郡出兵，北伐進攻曹魏占據的襄陽、樊城。在此次戰鬥中，關公文韜武略，調度得宜，先是圍困襄陽、樊城，又利用天時地利之便，水淹七軍，生擒于禁，斬殺龐德，魏署荊州刺史胡修、南鄉太守傅方聞風而降，重創魏軍，連曹操聞之都欲徙許昌以避其鋭，史書稱為「威震華夏」。關公不僅忠義神勇，而且精通謀略，所以成為漢以後，忠臣名將致力效仿的精神偶像。

信的典故~義釋曹操的然諾

赤壁之戰時，諸葛亮料曹操必敗走華容道，派關公把守華容道，並立了軍令狀。曹操果然敗走華容道，被關公截住去路。曹操採納謀士程昱的計策，以《春秋》典故相激。關公是義重如山之人，為人處事以信義為重，想起當日曹操許多恩義，以及曾經對曹操的許諾，於是放了曹操。關公華容道義釋曹操的故事，反映了關公重諾守信，義氣深重的人格魅力，代表著知恩感恩，有恩必報的傳統美德。

從以上的幾則小故事，綜觀關聖帝君的人格與思想，從其一生的行誼之中，可歸納出仁義禮智信「五常德」最為後世人所景仰與奉行，亦成為後人立身處世的效法典範，這其中又以「禮」規範了人群關係的運作之道最值得探究。

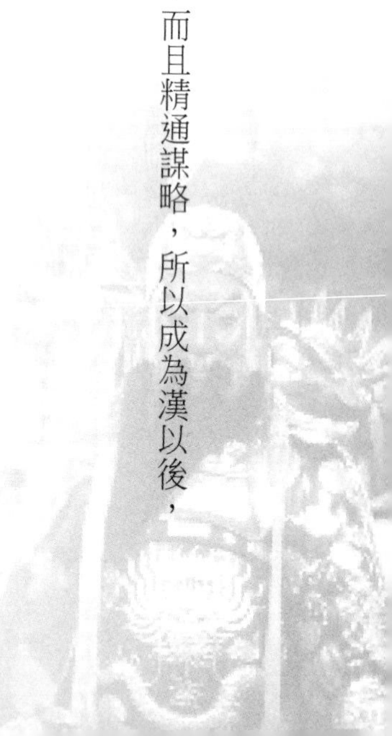

參、禮的涵義與重要性

傅元龍(2000)撰文指出：「禮」字在我國經書與子書中論及的甚多；我國本有「禮義之邦」的稱號，「禮」代表高度文化。「禮」字的意義，追本溯源，最明確的解釋見於〈禮記・樂記〉，文字是「禮也者，理之不可易者也。」即是說，禮是確定不移的道理。這個說法，用〈禮記・禮運〉的一段話可以看出其依據：「夫禮必本於大一，分而為天地，轉而為陰陽，變而為四時，列而為鬼神。其降曰命，其官於天也。夫禮必本於天，動而之地，列而之事，變而從時，協於分藝。其居人曰養。其行之以貨利、辭讓、飲食、冠昏(同婚)、喪祭、射御、朝聘」。這段話表示「禮」是以天或道為本，見於自然現象，存在於幽明之中。在人這一方面，是諸般行事的規範，是由最高的抽象原則而來。

在行事的規範方面，由於事在人為，所以必須由人的行為表現出發。在這方面的論述極為豐富。首先〈周易・乾卦〉中有：「亨者嘉之會也。嘉會足以合禮。」前一句意為生物通盛而嘉美是「亨」(亨通)，亨通到合美的地步是「合理」，若不合理則不能嘉美。而「理」也就是「禮」由此確定人如何在行為和行事上，能夠合理，使成為以「禮」為規範的表現。

禮的表現，仍見於〈乾卦〉的是：「謙以制禮」。次為〈尚書・仲虺之誥〉：「以禮制心。」

詳細的論述，見於〈禮記・曲禮〉先指出「禮」的功能是：「夫禮者，所以定親疏、決嫌疑、別同異，明是非者也。」後文中有：「禮不妄說（同悅）人，不辭費。」（即不取悅於人，不多說話。）「禮不踰節，不侵侮，不好狎。」（即不越規，不欺凌人，不戲耍人。）「夫禮者，自卑而尊人。雖負販者，必有尊也。」「是以君子恭敬撙節退讓以明禮。」（傅元龍，2000）

由禮的功能，可知禮的必要，〈曲禮〉中說：「道德仁義，非禮不成。教訓正俗，非禮不備。分爭辨訟，非禮不決。宦學事師，非禮不親」，因而「聖人作為禮以教人，使人以有禮，知自別於禽獸。」，荀子對禮做了更詳盡的闡釋，荀子說：「禮者，法之大分，類之綱紀也。」，視禮為法之基礎或法的根本，也是依法類推之律別的綱紀。禮的重要性，即在禮的必須，荀子說：「人生而有欲，欲而不得，則不能無求，求而無度量分界，則不能不爭，爭則亂，亂則窮。先王惡其亂也，故制禮義以分之，以養人之欲，給人之求。」，荀子認為如果順人性而行，必不免於爭亂貧敝。所以要以「禮」來適當地調整「欲」與「物」之比重，以維繫國家之安寧，且使人欲得到適當的滿足。（傅元龍，2000）

荀子所說的「禮」的範圍很廣，大自治國之道，小至個人修持，並論及自然現象，分述如下：

（一）禮為治國安邦之道：「禮義者，治之始也。」，「隆禮貴義者，其國治；簡禮賤義者，其國亂。」，「上不隆禮則兵弱。」，「國無禮則不正。」，在荀子的思想中，禮與國家的治亂強弱，有密切的關係，所以肯定的說：「禮者，治辨之極也，強國之本也。」

(二)禮為立身處世之本：「禮者，所以正身也。」「故禮及身而行修。」禮不僅是正身之具，也是處世的規範。因此，人之衣食起居，應對進退，都得依禮而行：「食飲衣服，居處動靜，由禮則和節，不由禮則觸陷生疾。容貌態度，進退趨行，由禮則雅，不由禮則夷固僻違，庸眾而野。」

(三)禮為自然之規律：「天地以合，日月以明，四時以序，星辰以行，江河以流，萬物以昌……萬物變而不亂，貳之則喪也。禮豈不至矣哉！」，荀子認為宇宙萬有之存在及變化，皆有一定之規律，可以與禮相參照。因為「禮」字本義是「理」，是條理，即是規準。

總之，荀子把「禮」視為一切事理的最高準則，禮之所至，始有和諧圓滿，「故人無禮則不生，事無禮則不成，國家無禮則不寧。」，「禮者，人道之極也。」「禮」在荀子學說當中，其重要價值就如同王冠中最閃耀的一顆寶石。

肆、家庭的相關概念

一、家庭的定義

在遠古時期，人類為了生存而結伴群居，之後因為生物性及生殖性的本能，男女共同結合而組成家庭。因此，家庭 (family) 可說是人類歷史發展中最古老、最自然、最基本，也是最持久的一個社會組織（吳瓊洳，2018)。根據教育部國語辭典的定義，家庭是指一種以婚姻、血緣、收養或同居等關係而形成的共同生活單位，在民法上，稱家者，係指以永久共同目的而同居之親屬團體為之。魏麗敏與黃德祥 (2001) 把家庭定義為一個社會性群體，主要是為親子組合而成的，此種組合是社會組織的基本單位。藍采風 (1996) 將家庭分為「傳統的」和「非傳統的」，各種不同型態的家庭組合應運而生，現代化的家庭概念必須採取廣義的解釋，強調家庭成員之間關係的和諧與功能的順利實施，及個人或家庭需要之滿足程度取向。

承上述，二十一世紀的今日，隨著科技的進步，經濟的繁榮，文化思想的多元，現代家庭已有著和傳統家庭迥異的面貌。傳統的家庭畢竟僅是社會多樣化的家庭型態之一，現代人對於家庭的觀念更為寬廣、自由與彈性，不再侷限於傳統家庭的合法婚姻、血緣與收養關係，例如，遠距家庭、同婚家庭、同居家庭、單親家庭⋯等多元家庭型態。

即便現代人對於家庭的定義與型態更為多元與開放，但傳統家庭仍是主流的家庭型態，在社會中有較多的優勢與地位，傳統家庭就像是社會中的模範，是多人的想望；相較於傳統家庭的非典型家庭（如前述各類家庭）則比較容易受到排斥、汙名化，且容易受到歧視、偏見而產生傷害。

二、家庭的功能

家庭具備許多功能，足以滿足成員不同的需求，雖然社會變遷導致家庭喪失了許多功能，但基本的家庭核心功能依舊有著存在的價值。一般而言，家庭被賦予的功能主要有下列：（吳瓊洳，2018）

（一）生殖與養育的功能

在傳統社會裡，婚姻是男女性關係合法化的必經過程，一則使性行為受到適當的約束與限制；一則保障嬰兒出生在安全的環境中得以受到適當的撫養與照顧。換言之，生兒育女是家庭首要且是最基本的功能，藉此維持家庭生命的延續。

（二）教育與文化傳承的功能

家庭是孩子的第一所學校；父母是孩子的啟蒙老師，子女在家庭裡學習各種人際互動、語言、行為規範、待人處事等各種生存與社會生活技能，也學習到社會規範與文化價值，家庭教育對子女的影響是終身的。

晚近，家庭的教育功能已然式微，有些雙薪家庭因為父母皆要外出工作，孩子在學前階段就被送往幼兒園；嬰兒階段就被送往日托中心，保母取代父母，難免影響嬰幼兒成長發展的照顧與教育品質。

（三）保護與情感支持的功能

人本心理學者馬斯洛的需求階層理論指出，愛與歸屬感是人類的基本需求，而人類對親密關係的需求則凸顯了家庭情感功能的重要性，家庭是人們情感的歸屬與心靈的避風港，更是家庭成員生老病死的庇護所。

然而，現代社會裡原有家庭的保護與情感支持功能已然轉變，家庭的經營也日趨困難，家庭暴力、虐待、疏忽案件層出不窮，家庭是社會最堅實的安全網已然崩解，換言之，現代人普遍無法從家庭得到全然的照顧與保護，而必須依靠政府的各項福利措施的協助，以彌補家庭照護功能的不足。

（四）經濟的功能

家庭成員透過工作收入以支撐家庭的各項經濟活動與消費，滿足家庭成員的基本生活需求，家庭也從原有的生產單位轉變成消費單位。

（五）休閒娛樂的功能

在過去，休閒生活以家庭為重心，一般人都藉著節慶與家庭聚會來達成休閒娛樂的功能。而現代社會隨著經濟的發展，家庭之外的休閒娛樂場所眾多，家庭成員休閒娛樂的方式也更多元，人們在忙碌的工作之餘，家庭的休閒娛樂功能仍然很重要，透過休閒娛樂既可放鬆身心，更能凝聚家庭成員的情感，提升家庭成員對家庭的向心力。

三、家庭的變與不變

近四十年來，家庭遭逢史無前例的挑戰，改變的規模與速度難以控制且影響深遠，包括人口結構的老化與少子化、女性勞動力崛起、雙薪家庭成為主流、跨國婚姻成長、科技對家庭的挑戰與家庭的多元性等。

而我國的家庭結構，近年來也產生巨大的改變，包括國人晚婚、不婚與離婚率增加，人口呈現少子女化與高齡化…這些趨勢與變化，顯現台灣在家庭結構、家庭功能與家人互動關係上將面臨比歐美先進國家更嚴峻的挑戰與考驗。

首先分項敘述家庭的變：（吳瓊洳，2017）

（一）不婚、晚婚與離婚現象普遍

台灣過去30年來，男女初婚的年齡皆呈現上升趨勢，國人不婚與晚婚的情形十分普遍，再者離婚率也逐年攀升，因夫妻離婚所造成的單親家庭也愈來愈多，單親父母因為經濟壓力、工作超時及兼職情形普遍，與子女相處的時間不長，容易疏忽互動與關懷，使得單親子女在身心調適上，容易產生情緒困擾與面對較大的壓力，嚴重者導致教育中斷，衍生違規犯過行為。

（二）少子女化日益嚴峻

在全球人口數千萬以上的國家中，台灣的人口密度全球第二高，總生育率卻屢創新低，兒少人口不論數量與比例都萎縮，導致家庭規模與子女數趨於減少，親職外包的現象也愈來愈嚴重。少子女化也造成父母溺愛驕寵子女的現象，全台據統計約有超過十萬未繼續接受教育、沒在就業市場、也不進修訓練的尼特族 (Not in Educatiom,Employment or Training，簡稱 NEET)，台灣似乎步上日本社會的後塵，這是相當嚴重的社會問題。

（三）高齡化現象愈趨嚴重

台灣預計在 2025 年正式進入超高齡社會，也就是說屆時平均每百人就有二十位65歲以上的老年人口，台灣人口老化的指數僅次於日本，居亞洲第二，老年人口增加，國人照顧與扶養的負擔趨於沉重，然家庭的照顧功能逐漸式微，支持系統亟待介入，國家需負擔更多的社會福利、安養措施及醫療照顧，換言之，台灣必須面對更嚴峻的人口高齡化所產生的家庭問題與社會問題。

（四）女力崛起，雙薪家庭成為主流

根據行政遠主計處統計，台灣15 - 64歲已婚女性有工作者已高達55.93%。民國100至104年雙薪家庭比例皆佔60%以上，台灣的雙薪家庭已成為社會主要家庭結構，女性投入就業市場反映了二個主要現象，一是女性受教育程度提高，獨立自主的能力增強；另一則是反映台灣職場長期低薪結構，單薪家庭已難支撐家庭開銷。國內女性勞動參與率提高，雖然說明女性消除部分投入職場的障礙，卻也為女性在家庭與工作之間難以取得平衡，進入職場工作的女性經常落入「蠟燭兩頭燒」的困境，國人的傳統觀念依舊根深蒂固，女性即便投入職場但仍須負擔較多的家務與教養小孩的責任，可見台灣的性別平等之路仍有一段長路要走。

（五）全球化促使非典型家庭成長快速

到目前為止，小家庭雖仍是台灣社會主流的家庭型態，然而台灣的非典型家庭卻越來越普遍，一方面是因為國人對婚姻的價值觀改變，另一方面是法律開放的推波助瀾，所以單親家庭、離婚家庭、同居家庭、繼親家庭、隔代教養家庭、同婚家庭等多元家庭如雨後春筍般出現。家庭的樣貌不再單一；家人的定義也更為多元，傳統的家庭功能或可能一部分已消失，例如同婚家庭期繁衍子代的功能將以另一種形式存在，如收養或代理孕母方式為之。

（六）科技對家庭的挑戰

資訊科技的浪潮影響社會產業的結構，同時也進入家庭影響親子關係與子女教養，例如網路世界中那些錯誤的、似是而非的論點會影響家人間的認知與價值觀，家人面對面溝通與真誠談心的機會減少，取而代之的是人手一機各自在虛擬的網路世界裡交友與陌生人互動，子女也無法學習到人際互動的情緒判讀與因應之道。總之資訊科技的發達，影響了夫妻的婚姻態度、子女教養觀、家庭互動與家人關係。

其次談家庭的不變，家庭結構與家庭功能雖然面臨上述劇烈改變，但是從社會學的角度來看，根據結構功能論的說法，家庭是一社會單位有其一定的結構與功能，以此觀之，即使社會變遷影響家庭型態與家庭的生活方式，然而家庭是社會穩固力量的重要角色卻是無庸置疑的，這也算符合中國傳統文化中之「修身、齊家、治國、平天下」的順序，因為唯有家庭穩固、功能健全，社會才能更祥和（張正正，2009）

此外亦有學者認為人類社會必須具備的四大功能~性的需要、經濟的合作、生育子女、教育後代。而唯一能夠從事這四種功能的團體只有家庭，家庭對於社會的存續有某方面的貢獻，是所謂有功能的，由此可知家可以說是世界上唯一對人類與社會具有特殊，甚至獨一無二功能的地位與角色。

家庭結構歷經時代的演變容或有不同的樣貌，相較於傳統有許多的改變，但是不變的是強調家人關係與家庭發展，再加上貫徹家庭生活教育的三個不變程序，也就是「溝通」、「做決策」

與「解決問題」，我們理解每天的家庭生活與家庭系統其實就是透過溝通、做決策與解決問題來運作維持與發展，而其中溝通更是維持家庭運作、建立健康和諧家庭的樞紐。再者承諾(commitment)也是維持家庭關係的重要因素，相較於其他社會團體或公司，成員對於彼此的承諾，對於家庭的承諾是構成家庭運作與維持的重要因素；而家庭對於社會或社區的承諾也是維持社會與國家運作的穩定力量。

由上可知，雖然家庭會變，但是背後支持家庭和諧運作的基本元素是不變的，雖然很多家庭的功能逐漸被取代，但不被取代的是「繁衍子代」、「社會化」及「情感支持」等三項功能(藍采風，1996)，特別是情感支持的功能，藉著「承諾」與「溝通」會讓家庭運作更順暢，讓家人關係更親密，讓家庭氣氛更和諧。雖然家庭有時也會傷人，但家庭更是家人遭遇困難挫折時唯一的避風港，即便是餐風露宿的遊民，他們終其一生也是在追尋家的意義，家庭的重要性著實不言可喻。

四、家庭的影響

（一）家庭環境的向度

所謂環境係指培養一個人生活的知識、技能、態度、學習方式與適應該環境的價值，亦即在不同的環境裡，每位個體所養成的適應能力也會有所不同，家庭環境約略可分為物質、精神與一般狀況三方面：

1. 物質面─例如家庭的硬體環境、各項生活設備設施、家庭經濟力、父母對於子女的教育投資與學習支出。
2. 精神面─如父母的教養方式、態度、教養價值觀、親子互動關係、家庭氣氛、家庭凝聚力、家庭休閒或家庭文化資源等。
3. 一般狀況─如家庭結構、子女數、出生序與家庭社經地位等。

（二）家庭環境的重要性與影響

家庭是社會組織的基本單位，父母是孩子的啟蒙老師，而家庭環境是孩子最早接觸的社會環境，成為培養一個人生活所需的知識、技能、學習方式與適應的場所。各個家庭都有不同的社會化(socialization)過程，在不同的家庭環境不同的教養方式下，個人的行為隨著年齡的增長、心智的成熟而有不同的改變，適應的程度也有所不同，孩子的發展深受家庭的影響可想而知，而國外亦有相關的研究指出，影響孩子教育成就的主要因素在於家庭之內，家庭教育因素的重要性幾乎兩倍於學校與社區兩項因素的總和。

賴清標(1992)指出家庭環境的重要性在於提供有益於孩子學習的物質環境、心理環境及其他有益的學習措施。物質環境包括均衡豐富的營養、充足的睡眠、適當的運動，提供安靜合宜的學習空間；心理環境包括對自己做努力歸因、積極的教育期望、無條件的關懷與接納、親子交流及激發內在的學習動機；其他有益的學習措施則包括良好的家庭氣氛、父母親正確的教育態度、為孩子安排恰當的課外學習活動、培養孩子獨立自主的能力及建立良好的親、師、生關係等。

由以上可知，家庭環境對於個人的發展與教育成就都可能產生重大影響，無論是家庭的一般狀況與文化狀況、家庭的一般氣氛或是父母對於子女的教育關心等各方面皆然，因此家庭的每一個面向，不論是物理、心理或是社會文化各層面都必須妥適安排，營造一個溫馨和諧且具有教育功能的環境，才能促進家庭中的個體健康正常的發展。

伍、禮與家庭運作的關係

中西方對於家庭關係有著不同的詮釋與理解，西方人強調個人主義，家庭關係重視左右平等的「夫妻軸」，主張個人的獨立性與重視個人權益；東方人（尤其是華人）強調集體主義，家庭關係重視上下尊卑的「親子軸」，主張和諧性與整體家族的利益，簡言之，西方家庭重視個別性與自主性，個人利益置於家族利益之前；東方家庭重視集體性與和諧性，個人在家庭系統裡的重要性是隱而不顯的，所謂「家和萬事興」、「家齊、治國而後天下平」等古有明訓，充分說明華人傳統思想中，家庭成員的角色關係，是父慈子孝、夫義婦順、兄友弟恭，這樣的倫理思想，既強調家長權威（華人是父權社會），也重視上對下的單向溝通，與子女順從的倫理互動（翁桓盛、許孟勤，2012）。

中華文化深受儒家影響，儒家文化對於和諧的家庭圖像自有一番描繪，有別於西方文化，儒家非常重視家庭倫理，家庭倫理正是家庭關係的核心，而家庭倫理的重視與儒家的核心思想～「禮」和「仁」有著相當密切的關係，尤其是「禮」在家庭中的規範與實踐。儒家重視「禮」，意圖透過「禮」的推行，輔佐「仁」的實現，禮和仁是平等的兩套社會法則，其中禮是倫理的，用來理順人與人關係的社會道德法則，而仁是政治的，是牢固統治地位的社會政治法則（李予心，2017）。

細觀論語，孔子對於「禮」的規定，上至國君下至平民，都有涵蓋，從而為每一個人進行社會劃分，進行社會定位，為社會理順關係以便於社會的正常運作，為社會發展創造穩定的環境（李予心，2017）。孔子所宣稱的「禮」，就其內容來說，包括義、忠、孝、信、恭、敬，即孔子所說的「君君、臣臣、父父、子子」（論語顏淵篇），並且涉及到日常生活的食、衣、住、行等面向的規範，而這些規範規定日常生活中哪些可為，那些不可為；明確甚麼值得褒揚，甚麼必須捨棄，到頭來全係為了君臣關係、夫婦關係與父子關係等社會中人與人的關係，而「禮」的內涵是指「規矩態度的向外展現」，也就是在待人處世、言談舉止中，表現合乎禮儀規範的行為，總括而言，「禮」也就是人倫關係的一種規範。

中華文化歷來倡議五倫～「父子有親、君臣有義、夫婦有別、長幼有序、朋友有信」，這五倫之中，分別有父子、夫婦與長幼三倫與家庭關係有關，強調家庭倫理，重視親子關係和諧親密、夫妻角色有所分別與長幼尊卑差序，這樣的人倫關係正是一種「禮」的展現。孔子又言「禮之用，和為貴」，禮法的運用以和諧為貴，即禮的實踐還是要追求和諧積極的作用，所謂「家和萬事興，家不和萬世窮」，以禮為核心的家庭倫理運作，家人關係必然親密和諧，家庭自然興旺。再則，華人社會普遍信仰的神祇關聖帝君（關公）文化重視仁、義、禮、智、信～五常德，認為讓生命圓滿的最好方法，就是落實五常德中的生活方式，而將之實踐於家庭經營，就是以「禮」來經營和諧圓滿的家庭，亦即侍奉父母能孝順，教養子女能盡責，手足相處能和睦，夫妻相待能合「禮」，自然能達到闔家安康之功效（陳裕昌，2020）。

隨著時代的變遷，越來越多的人不願意受到傳統文化的約束，重視自我，追求個人的生活方式與價值，當然在這種社會變遷之下，首當其衝的就是家庭。林翠鳳 (2013) 指出：家庭經營是可以藉由家人的共同目標來促進和諧，關聖帝君的教門〈玄門真宗〉對於如何經營和諧家庭提出聖凡雙修的家庭觀，對於現今世代家庭結構的轉變，以小家庭與雙薪家庭為主流的社會，夫妻雙方經常各忙各的，子女教養的責任就委由第三者，如祖父母、保母與托兒所來代替，相對的家庭生活、家庭教育，甚至家庭倫理也都疏忽了，這也就是成今日台灣社會家庭失功能的主要原因，更是令許多家庭破碎、婚姻離異、家庭暴力、子女犯罪的淵藪。

以飲水思源承續中華文化傳統的家庭倫理觀，再融入西方長處的新家庭組織生活方式，這稱之為「聖凡雙修」的一種方法（林翠鳳，2013），因為新的家庭生活組成，夾雜在西方現代潮流與我國傳統倫理之中，造成自我生活依恃的嚴重問題，甚至一味的追求歐美家庭的生活方式，而否定自我文化傳承的根源，嚴重得使整個社會正常生活的運作失去了著力點。該如何在新舊傳承、中西文化夾雜衝擊之下，以擷取傳統之優點，拓展新的延續呢？

陸、和諧圓滿家庭的實踐

家庭是我們一生的起點和最深的夢鄉，人自出生到死亡，這一生的歷程泰半時間在家庭中渡過，家庭是我們心靈的依歸，是遭逢苦難時的避風港，家人的溫暖、支持與關愛是我們的依恃，是我們有勇氣再出發的憑靠。但是建立一個和諧的家庭並不容易，因為家庭是一個系統，系統都是由家人關係所構成，如前述之婚姻關係、親子關係與手足關係等，這是一個非常複雜的互動網絡，家庭中每一個人都具有獨特的個性，既影響著家庭關係，同時個人也受到整個家庭的影響。(鄭玉英、趙家玉譯，1993)。

華人的人際關係重視「以禮相待」，客氣待人，為了營造和諧的關係，有時候甚至必須委曲求全犧牲自己，在家庭互動中更重視長幼尊卑差序，因此所塑造的人際關係有時可能只是表面的和諧(或許與華人害怕衝突的性格有關)。西方人的人際關係強調「以理相待」，重視個己性與獨特性，在家庭中每一個成員的地位是平等的，家人有更多的機會真誠相待而發展出親密的互動關係。然這樣說並不是指西方人的家庭關係普遍較華人社會的家庭關係更親密和諧，這不過是在經營家庭關係的面向與方式上的差異，但華人重視的「禮」與西方人強調的「理」並不相違，「圓滿和諧」是經營家庭關係所追求的核心價值亦是相同，若能將「禮」與「理」融合於家庭中實踐，同樣亦能幫助人們創造出和諧圓滿的家庭。

好像世界上所有美好的事物從不會憑空而降一樣，和諧的圓滿家庭不能單靠信念和期望，而是需要家庭成員的齊心努力才會達致的成果，如何於家庭經營涵容「禮」的本質內涵，藉之創造和諧的關係，僅提出以下幾點作法：

一、致力營造良好環境，健全家庭功能

家庭環境簡單可分為物理環境與心理環境，物理環境是指家庭的居住空間，家庭的各項設施設備，家庭的物質生活水準，身為父母應致力於家庭經營，創造良好的經濟環境，使子女衣食無虞，充分滿足其生理需求與安全需求；家庭的心理環境則是指家人之間有更多的關懷支持，親密和諧的家人關係，父母對於子女關愛，子女勤於父母的體貼，家庭各項活動的安排等心靈層次的生活面向。要經營好家人關係，父母要以身作則，陪伴子女，協助子女學習良好的人際互動，提供子女更多的心理支持，滿足彼此的愛與歸屬感的需求，讓家庭成為凝聚家人感情的堅實堡壘。

二、家庭成員間的彼此相互尊重，以禮相待

心理學家馬斯洛提出需求階層理論，認為「尊重」是人類最基本的心理需求，尊重包括「自尊」與「人尊」，個人唯有自尊才能獲得人尊，獲得人尊亦能提升個人自尊。自尊是一種個人的自我價值感，關乎一個人的生命意義與價值，和諧家庭的守護天使便是彼此尊重，尊重是一種態度的展現，家人必須彼此尊重個人的意願、空間與感受，在尊重中有合理的家庭界限 (boundary)，夫妻

之間、親子之間與手足之間彼此均有合宜的人際分際，家庭成員不會隨便侵犯與違反，俗云：「你敬我一尺，我敬你一丈」，雖是謙虛客套的用語，卻也展現家人彼此間的應有禮讓與尊重，家庭關係就會被緊緊地維繫起來。

三、建立親密和諧的親子關係

相較於西方社會重視夫妻關係，華人社會更重視親子關係，所謂親子關係是指父母親與子女間互動所構成的人際關係，親子關係的特徵具有愛—憎、接納—拒絕、支配—自主、約束—縱容等向度（馬傳鎮，1982）。親子關係是指親子之間的關愛、情感與溝通三個向度的程度，和諧的親子關係有賴於父母對子女的適切的教養，親子之間有充分的情感交流，同時更有密切的溝通互動。

親子之間的關係是雙向的，是彼此交互反應的相互影響結果，也就是說，父母的管教與關愛既影響著子女，同時子女的表現或反應亦將影響著父母的管教態度。劉焜輝 (1986) 指出親子關係的態度可分為以下二種：

（一）父母對子女的態度

是指父母對子女的接納與理解的程度，接納的層面如傾聽子女的意見，承認子女的行為，能否關懷子女，對子女展現親密的態度；而理解的層面則是父母對子女是否冷淡、不予理睬或是經常以命令式的口吻要求，嘮叨、專制、權威或謾罵。

（二）子女對父母的態度

係指獨立的程度，意指子女是否事事依賴父母或是具有自主性、獨立性；另外則是信賴的程度，意指子女是否信任父母，信賴父母的言行。其實，親子之間的關係是雙向互動的，彼此相待的態度亦會影響關係的品質。而親子關係亦可說是整個家庭關係的核心，親子關係良好和諧，自然有助於和諧家庭關係的建立。

至於要如何建立良好的親子關係，王以仁 (2010) 曾就三個不同的角度切入加以深入探討，茲摘錄其部分主張如下：

（一）把握親子之間生理、心理與社會的密切關係

華人社會在談到親子、手足之間的親密關係時，經常會提及：「血濃於水」，這個觀念點出了親子關係的主要特性—父母的遺傳，因此親子之間在相貌、身材、性向、智力甚至身體疾病等方面都有許多的相似性，在在顯示親子之間生理上的親密關係。

親子之間的血緣關係當然是無法改變的，這個關係也為親子間的親密關係紮下深厚的基礎。然而在今日的社會，從報章媒體的報導中亦經常發現一些令人慘不忍睹的家庭暴力事件，例如父母拋棄、虐待子女；子女施暴父母、殺死父母等逆倫事件，碰到這些事件，我們很難想像萬物之

靈的人類還比不上動物界的「虎毒不食子」及「烏鴉反哺」的倫常。

可見親子之間美好關係的維繫，不僅仰賴彼此間先天的血緣遺傳，還需要加上後天的親子互動所產生的心理及社會關係。親子間良好的心理關係包括相互信任、喜悅、接納、談心與分享等，經由這樣的心理互動，親子之間更能建立緊密而相依的心理連結。

再者，人類是群居的動物，在個人發展中亦包含社會學習在內，一個孩子自幼的成長發展，藉由與父母的接觸與相處，也展開了其一生中「人我社會關係」的學習。

(二) 珍惜與善用親子相處的時間

現代父母對子女而言，扮演許多複雜的角色，例如父母扮演了子女的養育者、教育者、社會成員、獨立個體等多重角色。我們常說家庭關係要靠經營，親子之間要擁有良好親密的關係，也需要在平日的家居生活中，有充分而愉悅的相處時間，就能避免溝通不良的代溝現象出現。

尤其在子女年幼時，就應該把握最佳的「第一時間」，培養親子間愉悅的關係，隨著子女年齡的增長，不斷加強親子相處「品質」的提升。

(三) 親子之間的互動應多發揮創造力與幽默感

親子間難免有一些爭執與不愉快，但是又無法避免，此時就需要有適度的創造力與幽默感來加以調和，事實上，幽默感的表達並無一定的公式，主要的關鍵乃在於要有寬闊的胸襟、彈性的態度與相當的創造力。父母在家中經常表現適度的幽默感，親子之間與家人之間即便有較大的衝突，也都能運用幽默感化解即將爆發的衝突，或讓彼此僵化的關係有所破冰鬆動，自然有利於家人關係的維繫與改善。

四、建立家庭成員有效的溝通互動

Olson、Sprenkle 與 Russell(1993) 提出決定家人關係最重要的三個向度是：凝聚力 (cohesion)、彈性 (flexibility) 及溝通 (communication)，凝聚力是家庭成員彼此之間情感的連結度；彈性是指當家庭面對困難、變化與挑戰時，家庭成員彈性應變的能力，而溝通是推動家庭凝聚力與彈性兩個向度移動的動力，它是家人關係的潤滑劑，也是減少家庭生活摩擦的一劑良方。

家庭成員的有效溝通分成兩個層面，其一是聆聽對方的思想與感受，另一是清楚而正面的表達感情、思想與需要。良好的家庭關係有賴於家庭成員正確而有效的溝通，如同一般的人際關係一樣，溝通是指一方經由一些語言或非語言的管道，將意見、態度、知識、觀念、情感等訊息，傳達給對方的歷程；溝通是心靈傳遞的橋樑，是愛意表達的彩虹，是信息傳遞的網絡；家庭成員的溝通更必須言之有理、言之有物、言之有據、言之有趣、言之有情。

一般來說，人際溝通大概有三種態樣：

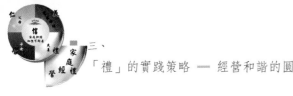

（一）互補式溝通—某人刺激行為與對方反應相互平行，例如：夫問：「報紙放在哪裡？」，妻答：「報紙就放在茶几上啊！」。

（二）交錯式溝通—對某人的刺激行為表現非預料中的反應，例如：夫問：「報紙放在哪裡？」，妻答：「你自己不會找啊！」

（三）曖昧式溝通—個人所表達的表面一回事，骨子裡又是另一回事，例如：小明：「小美，今晚有空嗎？」（表面訊息），實則「小美，我好喜歡你，我想約你看電影」（潛藏訊息）

合乎「禮」的家庭成員溝通樣態應該是互補式的溝通，溝通雙方皆能滿足彼此需求，最忌諱交錯式溝通與玩心理遊戲的曖昧溝通，極容易讓家庭成員關係陷入彼此猜疑、防衛與爭吵的氣氛。良好的溝通確實是增進家庭和諧關係的利器，但要如何達成家庭成員彼此間良好的溝通，就需要學習溝通技巧，以建立溫暖正向的家庭氣氛(family atmosphere)，而那些是有效的溝通技巧？茲分別說明如下：

（一）專注行為(attending behavior)

是指雙方在溝通時集中注意力，這是表現對對方極大的尊重，願意與對方在一起、對他說的話有興趣。Egan(1998) 曾就此提出「SOLER」的溝通態度，與人溝通時應該要：

S (squarely)：身體面向對方，面對面而非側身或背對的姿勢。

O (open)：維持開放的、非防衛的姿態，例如雙手自然下垂、於小腹前交叉或是置於腰部後方。

L (lean)：身體上半部向對方前傾，身體前傾可傳達出對對方話題或意見的重視與興趣。

E (eye contact)：眼睛注視對方，與對方眼神接觸，並適度點頭或表達：「嗯」、「我了解」等隱約式鼓勵。

R (relax)：身體保持輕鬆自然，放鬆肌肉，坐姿或站姿保持自然隨和而讓人感覺態度親和、平易近人。

（二）積極傾聽

傾聽不是選擇性的聽，只聽個人想聽的內容，甚至心不在焉的左耳進右耳出，而是要「眼睛看、耳朵聽、心感受」的全然投入。積極的傾聽更是：

1. 將感官聽到的加以解釋 (interpreting) 和了解 (understanding) 的過程，例如：「你的意思是說…」，試著解釋對方所傳達訊息內容，代表聽者的興趣與對訊息的理解。
2. 良好的傾聽必須聽懂對方口語 (verbal) 與非口語 (non-verbal) 的訊息，所謂口語的訊息是指嘴巴說的或是手書寫的內容，非口語的訊息則是指臉部表情、手勢動作、眼神…等。

積極的傾聽也是一種專注的行為，兩者相輔相成有助於雙方的溝通更順暢。

（三）尊重（respect）與無條件的接納（unconditional acceptance）

這樣的溝通態度展現的是將對方視為完全獨立的個體，允許他有屬於自己的感受與經驗，不論是好或不好。有句繞口令是：「你是你，我是我，如果你因為我而成為你，我因為你而成為我，那你不是你，我也不是我！」，可以說是充分傳達了尊重每位家庭成員的主體性，同時也無條件接納了每一個人的價值觀與對事情的判斷。

（四）同理心（empathy）

同理心不等同是同情心，不同之處在於同理心比同情心多了認知的成分。溝通時每個家庭成員都能設身處地，將心比心的體會對方的處境與心情，考量對方的立場，這就是同理心，正確同理心的表達要掌握三個程序：

1. 站在對方立場想，感同身受對方的處境，設身處地了解對方。
2. 正確地辨識(identify)對方當下的情緒，如生氣、憤怒、悲傷…正確了解對方的內心世界與感受。
3. 將對對方的了解表達出來，如：「面臨失業這麼重大的挫折，想必讓你很難過也很焦慮」，讓對方知道你的理解與支持。

（五）真誠一致（genuine and congruence）

「真誠」是一種正向的溝通態度，家庭成員互動時，彼此都能忠於自己，真心誠意，表裡一致，表現非防衛性的、自發的行為，而且不存任何私利的目的。

存在人文主義大師羅吉斯曾提到：不論是父母對子女，老師對學生，治療師對個案或醫生對病人，如果能充份展現「真誠一致」、「無條件積極關懷」與「正確同理的了解」三種態度，則彼此不但能增進彼此關係的和諧，對方更能因此充分開展潛能，達成自我實現的目標。可見態度真誠一致更是影響家人溝通的關鍵要素。

（六）讚美（praise）

家庭成員互動時，對於家庭中所發生的美好事物，都能彼此給予肯定的掌聲，尤其是夫妻相處與親子之間，隨時給對方一個肯定的眼神，一句讚美的話語，就能輕鬆化解家人間的緊張關係，增進家人的生活情趣。更重要的是，經由鼓勵或讚美能發揮正向期待的「比馬龍效應」（王以仁，2010），對方將會因你的讚美而朝向你所期待方向改變。但是讚美與鼓勵的內涵並不完全相同，「讚美」著重在表現的結果，「鼓勵」則強調表現的過程，家人之間彼此多讚美對方的優點；父母經常鼓勵孩子的表現，相信家庭成員之間的氣氛必將更溫馨和樂。

（七）建設性批評（constructive criticism）

家庭事務繁雜，家人相處難免意見不一，解決問題的同時最怕陪葬了親密和諧的家庭關係，當我們看到對方的缺失，期待對方調整改變時，難免有批評或價值判斷，這很容易造成對方的自我防衛或傷害對方的自尊，如果無法避免批評，則溝通的技巧宜使用「建設性的批評」，建設性的批評必須掌握下列要領，如此的批評才能有效的解決問題，也能把對家庭關係的傷害減到最低。

1. 被動提供批評而非主動給予
2. 批評之前要具體、正確描述對方行為
3. 批評之前先給予對方讚美
4. 批評內容盡可能具體可行
5. 批評應與對方目前行為有關
6. 批評應針對對方能夠著力改變的事情
7. 告訴對方你所批評的事情可以如何改善

（八）健全家人的溝通心態

美國心理學家艾瑞克、伯恩(Eric Berne)於1961提出溝通分析(Transactional analysis)心理治療法，認為人與人溝通時存有四種心理地位，分別是：

1. 我好，你也好（I am ok,you are ok—！）—這是一種自我肯定、樂觀積極的心理地位。

2. 我好，你不好（I am ok,you are not ok—！）—這是一種孤傲自大、自我中心的心理地位。

3. 我不好，你好（I am not ok,you are ok—！）—這是一種自我貶抑、自卑退縮的心理狀態。

4. 我不好，你不好（I am not ok,you are not ok—！）—這是一種憤世嫉俗、不滿一切的心理地位。

不同的心理地位反映了不同的溝通態度，這四種心理地位中，最能有效溝通，能讓對方有如沐春風感覺的，就屬「我好，你也好」的心理地位，所以，家庭成員溝通時如能彼此展現肯定樂觀的態度，既能自我肯定，也能以肯定他人的正向樂觀態度互動溝通，家庭關係自能溫馨和睦。

五、鼓舞家庭成員堅守高貴的家庭價值

這世間沒有兩個人是完全一樣的，也沒有完美的人；同理，這社會沒有兩個家庭是完全一樣的，也沒有完美無瑕的家庭。家庭要和諧，家庭成員必須存有共同的價值、信念與目標，並努力去踐行這些價值與信念，達成共同的目標。圓滿和諧的家庭該有哪些共同核心價值與信念？根據張坤池(2006)「CARE同行，家庭長興」的觀點，分別有下列四項，值得家庭成員共同信守與努力：

（一）Come Home to Connect—增加家人之間的連結與互動，家人連結有物理的連結與心理的連結，除了工作、求學的時間之外，多增加與家人互動的機會，就如同響應多年前社會所倡議的「爸爸回家吃晚餐」運動，平日可安排全家共同性的活動，創造更多家人相處的時間

與空間；當然家人之間親密的連結是要透過更多的交流與分享，如此將更能拉近家人間的心理距離，提升家庭關係的親密度。

（二）Amend Home by Accept—我們常說：「家是心靈的避風港」、「是苦難的依歸」，原因是我們知道當人遭逢困難、徬徨無依時，總有一個「家」無私的、無條件的接納我們。接納是改變家庭生命的原動力，更是塑造和諧家庭的催化劑，家人的接納最重要的是父母對子女的接納，而且是無條件的接納與支持，果如是，則家庭必是人人最想回去的「心靈駐所」。

（三）Revive Home by Reaching out—家庭成員都是與我們血脈相連的親人，從家人的需要，主動伸出關懷的雙手，噓寒問暖，提供支持滿足對方的需要，而這種關懷是無條件積極性的關懷(unconditional positive regard)，主動充分關照到家庭成員身、心、靈的需求，沒有附加任何條件，如此就能間接提升家庭成員的凝聚力與親密度。

（四）Enrich Home by Encouraging—家庭關係也是一種人際關係，家人相處難免因意見不同、價值觀歧異而有所爭執，傷害了彼此間的感情。如果家庭成員彼此能多給對方鼓舞，看到對方的優勢與資源，說句好聽的話，正所謂：「良言一句三冬暖，惡語傷人六月寒」，如此就能化解衝突，弭平關係的裂痕，如前述，善用「鼓勵」與「讚美」，既能豐富家人的心靈，更能提升家人的和諧關係。

六、藉由承諾創造家庭的親密與熱情

美國耶魯大學心理學教授 Sternberg(1986) 提出愛情三角理論，渠認為愛情由三個成分組成，分別是親密 (intimacy)、激情 (passion) 與承諾 (commitment)，這三個成分構成了愛情關係的基礎，愛情關係的品質也會隨著這三個要素的比例多寡而有所差異。愛情是一種親密關係，親密關係也是家庭成員所追求的目標，援用愛情三角理論於家庭關係的經營，如果我們能把對家人的承諾擺在第一位，家庭中的事物一起共同分擔；如果我們能隨時關心家人，時時表達對家人的重視與愛意，那麼就能創造家人更多的親密感與認同感，更能提升家人相處的和諧感與家庭凝聚力。

七、以愛化礙，用寬容的胸襟化解互動關係的障礙

「愛」是經營家庭關係的核心元素，也是夫妻之間、親子之間與手足之間和諧互動關係的橋樑，「愛」更是家人建立親密關係的催化劑，家人彼此間難免因價值觀不同，處理事情的態度互異而產生爭執，唯有愛才能包容歧異，欣賞肯定，相互體恤關懷，家人間的衝突自可順利化解，亦能提升家人對家庭的凝聚力與向心力。

八、關懷陪伴，營造家人間親密的互動

受時代變遷的影響，家庭的結構與運作的型態皆不同於以往，往昔農業社會時代，日出而作日落而息，農忙完或下班後就是家人相聚的甜蜜時光，於今雙薪家庭成為主要之家庭型態，相對地減少了親子之間的互動時間，再加上科技的進步，3C 產品尤其是手機變成了家人之間溝通訊息的主要媒介，亦相對的減少了家庭成員之間，尤其是親子之間實質的心靈陪伴，既無法理解彼此對事情的立場與觀點，更影響了家人之間的親密關係的連結，欲減少家人之間的疏離感，更多時間的陪伴與關懷，乃為提升家人親密度的良方。

九、維持清楚的家庭界限，創造家人間獨立的心理空間

家庭成員之間應維持一個清晰合理的界限 (set boundary)，亦即家人之間既享有共同的分享空間，亦能維持個人的獨立性，如此的家庭關係是「界限清楚、關係親密」的型態，如果家人之間彼此過度涉入對方的生活，像是父母不尊重孩子的隱私或是父母過度關心子女的生活與學習事務，扮演所謂「直升機父母」的角色，那這樣的關係就是「界限模糊、關係糾結」；相對的，如果家人之間的關係是疏遠的，互不關心彼此，父母也不關注子女的成長與學習，甚至成了「有毒的父母」(toxic parents)，經常疏忽或虐待子女，則這樣的家人關係就是「界限僵化、關係疏離」。顯而易見的是，家人間只有維持清晰合理的界限，創造彼此獨立心理空間，既能相互關愛又能彼此尊重，

則家人之間的關係必將更親密和諧。

十、支持肯認，提升家庭的凝聚力與認同感

「家是受傷時遮擋風雨的傘，是心靈受創時的避風港」，原因是因為當個人心理受到傷害、生命遭遇挫折時，家庭能提供給家人無條件的支持、包容與關愛，同時能肯定個人是家庭重要的一份子，可見當家人對於彼此能有更多的接納與包容，「家」就會是家人共同的認同，家庭成員之間的凝聚力就會更強，家庭如果能夠創造共同的價值與努力的目標，亦能提升家人對家庭的認同感，願意為家庭所擁護的共同價值與設定的共同目標而努力與付出，家庭成員的關係也會跟著更親密更和諧。

柒、結語

幸福家庭是一個親密、和諧、溫暖、互動、關懷的家庭，家庭中充滿父慈、子孝、兄友、弟恭、溫和謙遜的氣氛，家人深愛著家庭，家庭也是家人溫暖的窩，就如同「禮運大同篇」所描述：「老

有所終、壯有所用、幼有所長」的美麗境界，家人都能過著溫馨和樂的幸福日子。

家庭經營不易，創造和諧圓滿的幸福家庭更難，以中華文化「禮」的精神融合西方文化「理」的概念，運行於家庭，或如趙麗雲博士(1997)所說：家庭關係經營的秘訣總歸一訣：「忍一句（禍從口出）、饒一著（放人一馬）、耐一時（延後處理）、退一步（尋求折衷）、笑一笑（和緩氣氛）、愛一聲（表達心意）」，每位家人若能細心體會，真誠奉行，則和諧幸福的家庭終會水到渠成。

參考文獻

中文部分

王以仁（2010）。婚姻與家庭—配偶及家人間的溝通和調適。台北市：心理出版社。

李予心（2017）。淺議孔子思想的「禮」和「仁」。取自：https：//kknews.cc/culture/y86myzj.html。

吳瓊洳（2017）。家庭的變與不變：談多樣化的家庭與教育。台灣教育，705，2－10。

林金郎（2007）。關帝聖義人格與宗教成就的社會意義。取自：http：//blog.udn.com/frankbud/1496158

林翠鳳（2013）主編。關聖帝君教門〈玄門真宗〉的修行功課。宗教皈依科儀彙編，

19－45。

馬傳鎮（1982）。少年犯的親子關係、家長社經地位、家庭背景與學校背景之調查研究。教育與心理研究，5，177-224。

翁桓盛、許孟勤（2012）。婚姻與家庭。台北市：心理出版社。

陳裕昌（2020）。五常德對災疫的啟示，摘自聖凡雙修的生活方式。中華關公信仰研究學會。

張正正（2009）。淺談家庭的「變」與「不變」。教師之友，50（5），5－12。

張坤池（2006）。從「我」到「我們」—如何經營家人關係。新使者雜誌，96，10－13。

彭允好（2019）。關公忠義仁勇禮智信的七德故事。取自https：//kknews.cc/history/e6egp8y.html

傅元龍（2000）。禮。出自：http：//terms.naer.edu.tw/detail/1315096/

黃宜翎（2015）。以家庭系統理論探討夫妻親密互動關係。諮商與輔導，349，19－21。

游淑華（2001）。有關「家庭關係」研究的省思。系統及生態的觀點。輔導季刊，37（4），38－44。

趙麗雲（1997）。如何建構和諧的家庭關係。取自http：//www.lmcf.org.tw/Htm_F/society/society21.htm。

鄭玉英、趙家玉（譯）(1993)。J. Brad shaw著。家庭會傷人—自我重生的新契機（The

Family—A Revolutionary Way of Self-Discovery)。台北市：張老師文化。

劉焜輝（1986）。親子關係診斷測驗。台北市：天馬出版社。

賴清標（1992）。如何安排有益兒童學習的家庭環境。幼兒教育年刊，5，71－79。

藍采風（1996）。婚姻與家庭。台北市：幼獅。

魏麗敏、黃德祥（2001）。國中與高中學生家庭環境、學習投入狀況與自我調節學習及成就之研究。中華輔導學報，10，63－118。

英文部分

Egan, G.(1998). Exercises in helping skill：A manual to accompany the skill helper. NewYork：Brooks/Cole.

Olson, D. H., Sprenkle, D. H., &Russell, C.(1993). Circumplex model：Systemic assessment&treatment of families. NewYork, NY：Haworth.

Sharf, R. S.(2012). Theories of Psychotherapy and Counseling：Concepts andCases(5e). Singapore：Cengage Learning.

Sternberg. R. J.(1986). A triangular theory of love. Psychological Review, 93, 119-135.

第四章

「智」的實踐策略——建立利益眾生的事業

仁
賺錢
義
工作
玄門真宗
信
使命
利益眾生
智
理想
禮
生活
事業
智經營

「智」的實踐策略——建立利益眾生的事業

龔昶元
國立臺中教育大學國際企業學系專任教授

摘要

企業要能面對新的潮流趨勢與市場顧客的轉變，必須有智慧的經營，建立能符合新管理典範及顧客需要的願景，開啟新的經營策略。更重要的是必須對社會大眾實踐企業社會責任，而這也是近年來經營典範轉變最重要，市場消費者最在乎的主流趨勢。

企業經營能遵循關聖帝君「智」的奧義，以「利他」為基礎，「建立利益眾生的事業」，以推動社會責任為職志的企業，行善事，服務人群，採用具有社會目的價值之創新作法，是事業能提高利潤，永續發展的根本之道。

企業經營實踐社會責任，就是關聖帝君所揭示建立利益眾生的事業的優點；也是「智」的精義具體體現。

提升企業內部員工倫理道德行為規範內涵是社會責任的基礎，企業有很多種不同的方式展現社會責任。企業要實踐社會責任可以採取捐助、參與公益性活動、改善公司各項設備，重視職業安全衛生、減少公害產生等來實踐社會責任。企業應該用企業倫理建立正面的思維，處理企業倫理、企業與員工、企業與家庭、企業與環保及企業與社會的議題，以「智」的精義提出有效解決方法，確保永續發展。

依據關聖帝君所揭示的理念，企業發揮「智」的精義致力經營，建立利益眾生的事業的商業營運模式基礎，要從形塑符合倫理的優質企業文化，發展有助於員工實踐社會責任行動的組織機制，有效推動企業社會責任的系統，以及商業營運模式有效結合行動作法逐步落實，實踐社會責任，提升企業形象，建立長期獲利的永續發展根基。

總之，企業可以發展出對企業有利，又有益於盡社會責任的商業模式，經濟力量與社會力量結合，一同解決社會的問題，善盡社會責任，公益社會企業，這也是關聖帝君對企業經營的啟發。

關鍵字：智、企業經營、利益眾生、企業倫理、社會責任

壹、企業實踐社會責任建立「利益眾生的事業」是現代企業經營的主流價值

現代的公司都必須面對兩大經營的挑戰，一是必須要持續的創新，以確保競爭優勢；另一是，必須掌握時代潮流的趨勢，調整經營的模式；以回應挑戰。網路的科技興起，外在環境趨勢的改變，人們生活與消費模式產生了巨大的變革；促使許多企業必須驅動經營模式的創新與管理的變革。換言之，我們面臨了企業經營管理的新典範的轉變。企業的經營必須洞察潮流趨勢，採取新的經營策略方向，依據新的價值調整營運模式，才能基業長青，永續經營，不被市場淘汰。在這些趨勢的轉變中，最值得注意的是，當前經營管理的價值典範中，市場大眾消費者對於要求公司必需履行企業社會責任（Corporate social responsibility，CSR）的要求越來越重視。

舉例而言，近年來，我們逛商場時常會被擺攤的業務員邀請申辦信用卡，銀行也常委託一些行銷公司電話推銷「低利借款」。1997 年亞洲金融風暴後，政府為了協助銀行打消呆帳，實施取消金融營業稅政策，設立金融重建基金；在此情形下，銀行業者有較為充裕的資金搶攻獲利較高的消費性貸款市場，積極推銷借款、放款業務，部分消費者擴張信用額度，辦卡消費過度，預借

現金，借款後還不出來，台灣社會也出現了數百萬的「卡奴」；銀行為求回收帳款順利，委託財務管理公司催繳還債；一些不肖的業者卻以類似地下錢莊的不當手法「追殺卡奴」，造成有些人為了還卡債挺而走險，擄人勒索、搶銀行、賣淫等社會問題。銀行則把這些問題的責任推給委外的收帳公司。然而社會大眾普遍認為是銀行業者為求儘速收回債款，急功近利的措施所導致的社會問題，指責銀行業者沒有履行社會責任，要求銀行應該負責。

現代社會經濟中，社會責任再度被重新定義，企業經營不應只是創造財富利潤與提供就業機會而已，對環境、社會永續的發展也應該扮演更正向積極的角色。企業不光只要替股東創造更大的利益，還要兼顧所有相關的內外部利害關係人（stakeholders）的權益。利害關係人就是跟企業運作有關的所有人，從內到外包括員工、客戶、供應商、消費者、社區、國家、與自然環境等（林建煌，2006）。

過去的觀念認為，企業存在的唯一目的是追求利潤的最大化；企業只應對其股東負責，其餘的功能自然有相關的組織，如政府、慈善機構、公益團體等負責。如每一個組織皆能達成其初始設立的目的，社會整體資源的分配與運用即可達到最佳狀態。依此觀點，實踐企業社會責任的對象與範圍，僅止於企業對其股東負責。

然而近年來，眾多輿論更支持社會經濟學派學者的觀點，主張，一個安定富裕的社會，會使所有成員都受益，企業本身也是社會成員的一份子，自當負擔創造安定富裕社會的成本，因此其社會責任的對象不應僅止於股東，而應廣及整個社會。亦即，企業經營追求股東財富極大化的同時，還需要兼顧其他利害關係人的利益，從股東、員工、顧客延伸到上下游廠商、競爭者、銀行、社區等。企業的經營獲取利潤很重要，顧及社會大眾利益也同等；要能利己，也要能利他。

基於上述可知，企業的經營的策略思考必需建立在利他的眾生角度上出發，才能受到市場顧客的肯定。就此而言，關聖帝君訓示仁的精神哲學五常德「仁、義、禮、智、信」五大宣言的現代奧義，「仁」是追求法喜的身體健康，「義」指創造通達的人際關係，「禮」即經營和諧的圓滿家庭，「信」為實現精勤的人生理想，關於「智」則是建立利益眾生的事業。所揭示的經營哲學正可為現代企業帶來新的啟發，也為企業經營模式典範帶來了指引的明燈。關聖帝君「智」的主要的精義指出，利益眾生事業的經營理想與實踐項目包括；賺錢、工作、生活、理想、利益眾生。具體而言，企業除了獲利賺錢之外，更應是負責任的公民。對外部而言，企業的策略實踐必須納入關懷社會、保護環境等永續議題；對內部而言，公司治理要重視倫理道德，以透明、公開、有效率、遵守法規等做法來治理企業，並創造獲利，才能讓企業健康永續地經營下去。沒有落實社會責任的企業，很難再獲得消費者的認可，可以說履行社會責任已經成為企業永續發展的必要條件之一。的確，企業經營者皆有追求己利的自由，這也是自由經濟的基本必要條件；在自由經濟的市場法則裡，獲利累積財富的主要來源是造福他人，例如廠商供應食物給消費者，並不是因為其擔心大眾會飢餓，而是這樣做可以賺錢。追求私利的動機與行為賦予企業營運的動力與存在的價值，但若不以倫理道德自律約束，就易於淪為虛偽，無知者受到欺騙愚弄傷害，法律制訂者被收買，防護機制遭踐踏。市場的機制若無倫理道德與社會責任感作為指引方針，芸芸眾生即可能受到傷害；正如部分銀行業者可能只是想儘速收回債款，疏忽了運用不當手段方式可能導致的問題，社會因而失序，大眾交相指責，當然也會反過來危及企業的永續發展。

就企業經營者而言，上述情形經常發生在：1．在追求利潤的階段忽略了倫理道德，把員工幹部、股東及顧客視為獲利過程的墊腳石，必要時可以使用與棄之不顧。2．在追求獲利增長的階段喪失企業倫理，漠視執行的作為對他人造成的影響。這些都是造成永續經營風險的主要來源；企業經營者必須留意，有意識的培養企業利他的倫理道德文化。

管理大師蓋瑞哈默爾（Gary Hamel,2012），即指出下列現代企業經營值得憂心的現象：

1. 公司花大錢遊說，促成對自己有利的法規。
2. 執行長與基層員工的薪酬待遇差距高達三百倍。
3. 公司治理架構的設計刻意偏離股東的利害關係。
4. 公司把員工當生產要素。

5. 主管績效普通，卻領取高額酬勞，公司把 90% 的股票選擇權酬庸給少數高階主管。

6. 面對提高透明度和保護消費者的呼籲，公司置若罔聞。

7. 企業把價值觀擺在一邊，不擇手段的與貪污政權打交道。

8. 企業的公關活動揑造事實，把外界的批評妖魔化。

9. 企業經營者覺得社會利益跟己身利益沒有太大的關聯性。

如果經營者對於履行企業責任的方式不以為意，未來的前景是值得憂慮的。針對上述的現象，蓋瑞哈默爾提出企業經營應「棄利己癖」、「追求恆古不變之普世價值」的論點。

曾經創辦京瓷及 KDDI 兩家名列世界五百強的企業，及讓已經破產的日本航空在三年內起死回生的「日本經營之聖」稻盛和夫先生，是日本企業家中最能展現『大愛思想』的企業哲學家，他在其經營哲學即主張「人生的意義在於提升人性的品質，這來自於利他心」。他指出，企業經營在提升人性的品質基礎上，讓人人把自己的能力發揮到極致、全員參與，而且更要「對人類和社會做出貢獻」（稻盛和夫，2018）。也就是企業經營發揮到極致就是要有益眾生。

上述兩位大師揭示的利他精神正可與關聖帝君「智」的精義—企業經營應該「建立利益眾生的事業」相互呼應，也就是企業經營要從建立「利他」的價值觀和道德觀出發，回歸人本，實踐社會責任，才能贏得未來。

企業要能面對新的潮流趨勢與市場顧客的轉變，必需有智慧的經營，建立能符合新管理典範及顧客需要的願景，開啟新的經營策略。也就是說，事業的經營除了獲利之外，更重要的是必需要對社會大眾實踐企業社會責任。而這也是近年來經營典範轉變最重要，市場消費者最在乎的主流趨勢。

貳、關聖帝君「智」的奧義係以「建立利益眾生的事業」的「利他」為基礎推動

企業社會責任

一般認為企業實踐社會責任只是美化公司形象的行銷工具，因此有人對企業實踐社會責任保持懷疑態度。確實有些企業的出發點，只是為了「搏取名聲」，甚至只做表面，例如有些企業，宣稱做環保，保護自然環境，關心消費大眾的健康，但實際上卻仍繼續破壞環境，販售不合格的食品。企業實踐社會責任確實對企業形象有所幫助，但並不止於如此。事實上，做好社會責任的企業，因為照顧員工，員工認同度升高，對企業競爭力自然有所幫助。形象好也會對生意有正面

影響，長期而言，股東利益和社會大眾利益將大致趨於一致，使地球環境成為更好的居住地，符合企業利益，使企業變得更好，也符合人類的利益。

所以，雖然社會責任跟業績似乎並無直接關聯，卻能對營運帶來長期與間接的好處。而現代的大眾與消費者期望企業不僅要負起社會責任，也要具有社會創新精神。因為企業具有獨特的資源和能力，可以動員相關團體及人力、物力，成為公部門與非政府組織的合作夥伴，解決社會上單一機構或召開會議無法解決的體系問題。反之，如企業刻意忽視社會責任，極有可能造成企業營運極大的風險。

2008 年中國大陸發生三鹿毒奶粉事件，主要是甘肅蘭州一家醫院發現裡面的數名患腎結石的病童長期食用三鹿集團生產的奶粉，而導致患病的主因是三鹿公司為了增加重量及通過品質檢測，在原奶中添加了會導致泌尿系統結石的三聚氰胺。這種只為增加利潤，罔顧消費者生命安全，缺乏企業社會責任的事件爆發後，不僅消費者大力撻伐，紛紛抵制購買，其高階主管受到法律制裁，只不過短短數月，三鹿集團最終宣告破產，在企業界消失。歸根究底，企業重利輕義，為了降低成本，增加更高的利潤，從根本上忽視為眾生利益的社會責任與基本法律道德規範的實踐，就等於放棄市場，必定會為社會大眾所唾棄。在台灣，2014 年發生頂新國際集團旗下的正義股份有限公司，以「飼料用油」等黑心油混充「食用豬油」煉製後銷售，演變成非法挪用飼料用油以食用油販售的食安與詐欺問題；頂新國際企業旗下知名品牌「正義」、「頂新製油」、「味全」相關豬油、牛油等動物性脂肪均涉及越南、香港飼料原油事件，非但影響國人健康，事件擴大後，世界各國也開始抵制台灣食品，影響到台灣多年辛苦建立的食品王國聲譽；也引發消費者紛紛抵制，展開「滅頂行動」，終而也導致了頂新企業退出台灣市場的結局。從這些案例我們可以觀察到，今天的時代，企業經營擔負社會責任目的越來越不可或缺，企業若缺乏社會目的，就會有顧客與員工流失的風險，企業經營能不慎乎。

對大多數企業而言，獲利是最重要的事，因為與生存有關，錢賺得越多越好，其他的公益或社會責任經常被忽略，尤其是有部分企業會認為執行公益活動和社會責任常必須付出許多金錢，及時間，會因此而減少獲利，反而得不償失。看起來，企業的獲利與盡社會責任之事，做公益活動等利他行為，彼此之間似乎不太能相輔相成。雖然台灣的政府主管機關近幾年來早已認識企業社會責任的重要性，也訂立了許多推廣計畫持續執行，同時也在草擬有關企業社會責任的法案，期盼能使台灣的企業在經營上能善盡社會責任，達到永續發展的目標。然而，台灣企業對於社會責任的認識，僅處於萌芽階段，致使有利眾生的社會責任觀念推廣進度緩慢。反觀國際上，企業社會責任的觀念已深植於各產業，跨國企業尤其重視，例如IKEA，家樂福等，每年皆有定期進行各界對其公司經營的企業社會責任評價調查，藉以作為其推動企業社會責任政策與活動的參考。

早年的企業責任多是以創造股東最大價值為著眼，但近年的企業社會責任，除了保障投資人的權益，也更重視企業永續經營的概念，致力於更積極對員工及環境投入資源，提供員工完善的教育訓練，挹注資源，投入公益幫助社會大眾，提昇社會形象。台灣有些企業可能對於重視社會責任是否可以提升經營績效，可能會覺得有所存疑：負起社會責任的企業，績效是否等比例提升呢？釐清此問題，會影響企業執行社會責任的腳步及推動過程的順利度。實際上，從學術或實務上的研究顯示，企業履行社會責任和賺錢獲利彼此之間是可以兼容並蓄，相輔相成的。

多篇學術研究也指出，重視社會責任的企業對於其財務與非財務績效都有正面的影響。例如，有學術研究以台灣天下雜誌「企業公民」、遠見雜誌「企業社會責任」得獎之上市上櫃企業為樣本，探討企業社會責任與公司績效之關聯性，其實證研究結果即指出：企業社會責任（CSR）得獎企業相較於非得獎企業，有較好的非財務績效表現；其實證結果顯示，企業社會責任績效表現，將正向影響企業的市場佔有率。當今經營環境複雜多變，企業價值將受到無形資產的影響，若能考量多方利害關係人之利益，將有助於企業維持其競爭優勢。（李秀英，劉俊儒，楊筱翎，2011）

正如學者 McWilliams and Siegel(2000) 指出，CSR 投入會使顧客認為企業產品具有品質且可信賴。CSR 投入考量多方利害關係人，可改善員工生產品質及提高商品聲譽，亦可使顧客對其商品產生信賴感，購買意願提升；企業產品具有良好品質，與其他競爭者產生差異性，市場佔有率亦隨之提高，整體營運績效提升。已有許多研究指出，傳統的財務績效，已不足以代表企業的長期競爭力，所以必須考量多元績效指標，而非財務績效就是一項選擇。

企業社會責任的重要性已被國際所認可，且為積極推動及拓展的議題之一，近年來可以發現，企業社會責任逐漸被重視，也成為公司經營的基本職責，在未來甚至會成為一種趨勢。所以，企業能落實社會責任對於公司的財務面與非財務面都有好的影響，身為社會成員的一份子，與一般個人相較，企業也使用更多的社會資源，當然更應該有取之社會、用之社會的觀念。因此，企業理應負擔創造安定富裕社會的成本，致力於關懷弱勢、關心社會需求，如此，不僅能保障自身的利益，更能為企業帶來正面的形象聲譽。企業擁有此價值，可成為一項不能被取代的無形資產，對企業的競爭力，當有無比的助益。

2019年企業履行社會責任而獲得遠見雜誌頒發「企業社會責任獎」首獎殊榮的4家國內企業：和泰興業大金空調（幸福企業）、瑞助營造（環境友善）、信義房屋（教育推廣）、台灣大哥大（公益推動）以及得到楷模獎的星展銀行等10家企業（https：//csrone.com/news/5532）其市場佔有率、獲利與公益活動投資報酬率皆在業界平均水準以上。

可見，企業經營能遵循關聖帝君「智」的奧義，以「利他」為基礎，「建立利益眾生的事業」，以推動社會責任為職志的企業，行善事，服務人群，採用具有社會目的價值之創新作法，是事業能提高利潤，永續發展的根本之道。

參、企業實踐「利他」社會責任建立利益眾生事業的優點

企業履行社會責任，協助處理不只能從事公益做善事，還有下列好處：

1. 提升企業的社會形象及商譽，強化企業品牌識別度：許多的企業採取例如「消費滿千就捐一成做公益」的作法，得到不錯的形象提升效果，有些企業採取更進一步的方式，諸如，購買該系列產品後，消費者只要在線上輸入產品條碼，就能追蹤他所購買的產品，對世界產生什麼樣的貢獻。也就是設計成可以分享給消費者瞭解自己所帶來的正面影響而感動的資料，進一步將此故事分享給周遭朋友；將消費者查詢到的資料在市場競爭中形成差異化的方式。如此作法不但可提升企業品牌形象，也能吸引更多人消費。

2. 促成創新產品的契機：例如宏碁電腦公司為落實降排碳量的企業履行社會責任，與緯創合作，以65%的「回收塑膠」等環保材料打造新款的桌上型電腦，並進行了多樣綠色產品的創新與

開發，2012年推出超輕薄筆電S7，透過製程的改進，使鋁合金材質的用量減少94%的材料浪費（黃郁文、曾仁凱，2013）。2002年英國石油公司為解決澳洲內地原住民青少年吸食汽油的惡習，研發了名為蛋白石（Opal）新燃料，大幅降低了有迷幻作用的原料成分，使吸食狀況降低了7至9成，改善了社會問題，也讓此新的產品穩佔市場地位（王筱婷，2018）。2010年在南非舉行的世界盃足球賽裡，32強球隊中有包括巴西、美國、荷蘭、葡萄牙等國家的9支球隊的球衣採用台灣世堡紡織公司出產，以百分之百回收寶特瓶製作的布料，而且保證布料可以回收再利用，是絕佳的環保產品。此種以寶特瓶為原料製作的環保布料，可以減少垃圾，又能創造再生資源，企業同時兼顧社會責任與營利目的（呂愛麗，2010）。

3. 成為拓展新市場的商機：美國洛伊斯影城娛樂公司起初為改善洛城區的就業狀況，在當地建造多廳電影院，結果大受消費者歡迎，其他企業也逐漸進駐，不只為當地民眾帶來娛樂，也解決了就業問題。當初主要是為了解決社會議題的意圖，同時也為企業開拓了新的市場。

4. 促進產業的良性循環：不僅能完成應負的道德義務，有好的企業、會有善盡公民行為的員工、好的供應商、好的產品與服務品質，才能有助於解決今日的社會與環境問題，社會相對呈現安定。

綜合上述，一家公司是否肩負社會責任，將會影響消費者的觀感，也就是影響消費大眾對於企業的購買意願。許多的案例經驗也在告訴我們，在眾多相仿產品的市場競爭中，消費者對於具有社會責任的企業有更多的信任與青睞，所以會傾向於購買這家企業的產品。這就是執行公益與利他企業的競爭利器。私利與公益確實能並存，企業如何透過社會議題負社會責任獲利、以投入更多資源，持續造福社會大眾，同時可以也帶來更多豐厚利潤。所以，企業經營實踐社會責任，就是關聖帝君所揭示建立利益眾生的事業的優點，也是「智」的精義具體體現。

肆、企業內部倫理道德行為的規範與社會責任的內涵

一、提升企業內部員工倫理道德行為規範內涵是社會責任的基礎

企業內部有正確的倫理道德規範作為行事基礎，界定員工正確的生活態度與行為，主管的決策能顧及企業的倫理道德，行諸於外的企業社會責任才得以實現。要成就利益眾生的事業，需要企業內部先從建立倫理道德的規範做起。關聖帝君的教義在「聖凡雙修的生活方式」對企業的啟發」裡指出，當今社會問題的根本原因都是從人性的失依開始的，也就是說，現代普羅大眾在生

活上失去了正向圓融的依循方法及正向肯定的依靠信念；而改善的方法是個人要從思想、習慣和生活方式中徹底領悟生命的真正意義，學習正面的能量，從「利人利己」做起，成為一種正確的生活態度，推而廣之，實踐於日常的生活方式，在工作上、職場上，不僅促進個人事業生涯成功，也有利於企業經營整體發展。現代企業的最重要的資產是人，有優秀的員工，才會有卓越的企業；企業經營的基礎是「智」的展現，企業成功的法則可歸納為三點：聚焦本業的深耕、創業人才的培育、利益眾生的事業。所以，企業能致力於培育其內部人才養成正向態度合乎倫理表現的生活方式，是成就利益眾生事業的根本。就企業經營而言，現代化的公司，尤其是多數先進國家的企業或跨國企業都會訂定「倫理規範」，藉以陳述企業內員工行為或經理人決策所應遵守的準則。

一般而言，企業對於倫理行為大多數都有很明確規範，具有倫理道德的員工，不會偷公司的財物、庫存、用品、挪用公款、收受賄賂、作假帳、假報表、虛報工時、缺勤曠職、裝病在家、怠工，甚至作假紀錄等違反公司規定，甚至可能造成公司極大傷害，損及企業品牌形象與聲譽等。例如汽車公司的經理人對於車輛性能測試數據造假，影響用車駕駛安全，製藥廠管理人員登錄數據不實，影響用藥人的健康，公司生產部門人員假造品質管理紀錄，使消費者買到瑕疵品等違反倫理道德的不當行為，都容易使企業多年建立的聲譽毀於一旦。基本上，企業內部員工對於合乎倫理的生活方式，大都由公司的基本法律、規則來界定，比較容易要求與遵守。而較為困難的是倫理道德兩難的行為。值得公司注意，以養成員工正向的處理態度，進而有利於培育企業內部優秀的管理幹部。倫理道德兩難指的是不明確、模糊的的行為，而經常發生在企業內部，舉例說明如下：

（1）主管告訴你，你的朋友將被解雇，但要你守密。偏偏這位朋友正要買房子，需要收入，這時，雖然你已答應主管謹守秘密，你該不該讓他知道，他快要失去工作？

（2）你有一位很要好的同事收受有業務往來的廠商業務人員很貴重的贈品，你該不該向上級反映？

（3）你的團隊裡某位部屬近來工作表現欠佳，你瞭解她是遇到一些私人的問題。你也非常關心她，期望協助她解決，但整個團隊卻因為她的脫序，整體表現受到很大的影響，這時你該怎麼辦？

一般公司在處理上述類似問題時，公司經常很難有明確的倫理道德規範，這時就會產生了很多涉及情、理、法交錯的倫理道德問題。就以上述收受廠商業務人員贈品為例說明，對於商業往來互動是常態行為，管理人員招待客戶用餐、打高爾夫球等皆屬有助於彼此瞭解，促進雙方信任的行為。值得商榷的是，業務人員餽贈客戶貴重的禮物，可能會有賄賂的疑慮，利用賄賂取得生意，或獲取不當的升遷、利得等，是不道德，甚至是違法的，採取此作法的員工幹部，重者會觸犯法律，被起訴判刑。因此有些企業會明訂規範，界定可收受的禮物範圍。這就是問題的根本，正如關聖帝君所提示的，這是我們世代的亂象，原因都是從「人性的失依」開始，也就是失去正向圓融的依循方法，及正向肯定的依靠信念。對於員工個人如何修身、實踐以致改善的方法，關聖帝君也訓示真義：要從思想、習慣和生活方式中，徹底領悟生命的真正意義，要學習正面的能量，從「利人利己」做起，並成為一種正確的生活態度，也就是先要個人自我成長，接著成為幫助者，進而提升至人間導師境界的引導者；促進整個企業的經營與人才的培育與提升。

二、從企業社會責任的內涵到企業經營的實踐過程

近年來，我國少數不肖廠商的食安問題造成社會大眾對於食品衛生安全的恐慌與負面影響，進而要求政府與廠商要正視問題的解決；企業社會責任議題不斷被重視及探討。政府因而做出政策，要求業者需撰寫企業社會責任報告，可見我國政府已逐漸重視企業社會責任（CSR）的執行，雖然相對於外國起步較慢，但是已建立企業應重視社會責任的重要里程碑。

企業經營是否能於同時負責起經濟責任、環境責任與社會責任已成為判斷企業是否符合企業社會責任標準的依據。在可預見的趨勢，企業將面臨更重大的社會大眾要求實踐社會責任的壓力。諸如：大眾對環境污染問題反應日益激烈、使用仿冒商標、廠商哄抬價格、不實廣告的傷害、日益嚴重的交通問題、生態破壞等。我國政府鑑於企業活動對社會大眾影響力日益擴大，也積極立法對企業活動加以約束，例如空氣污染防治法、水污染防治法、噪音管制法等。許多社會的壓力團體也應運而起，要求企業除了應遵守法律規範外，還應負起更大的社會責任，以重視生態環境、防止各種污染公害發生、美化自然景觀、維護民眾健康安全、保護消費者利益等。企業因社會大眾的照顧與支持才能茁壯成長，獲取利潤，因此面對政府、大眾的需求壓力，以及關心的社會議題，企業經營必須發揮「智」的精神，更加重視負起社會責任，實現「有利眾生」的「利他」事業。

具體而言，企業社會責任的主要內涵包含以下八項範圍（黃建銘，2009）：

(1) 員工權益與人權
(2) 消費者權益
(3) 股東權益
(4) 經營資訊揭露與公司治理
(5) 環境保護
(6) 社區參與
(7) 供應商關係
(8) 遵守政策法令

企業要履行企業社會責任，即是要能在上述的範圍內符合社會大眾的要求，並在這八大項的事務上致力於提升績效，才足以稱得上實踐利益眾生的利他事業（黃建銘，2009）。

在上述範疇，企業有很多種不同的方式展現社會責任，企業要實踐社會責任可以採取執行的步驟來包括（洪子豪，2009）：

(1) 提供各項有益社會進步發展的捐助：如捐助醫療設備、捐款救災、捐助社會慈善機構、提供教育獎學金等。

(2) 參與公益性活動：如當社會義工、認養公園、公共運動場地維護、淨灘、除草、種樹、造林、參與救災工作、清掃社區環境等。

(3) 改善公司各項設備，重視職業安全衛生、減少公害產生：淘汰會產生污染環境的老舊設備，購置較能減少污染的新設備、機器，改進生產方式，減少公害產生。

(4) 社會責任、社會道德與企業利潤兼顧：或許投入社會道德與社會責任的活動會增加企業營運成本，但這均屬短期性的利潤減少；由於這些社會責任活動的投入會增進社會大眾對於公司的形象評價，帶給大眾對於公司的信心，同時也可為企業帶來更好的社會環境來營運，對於企業長期性的生存與成長自然是有利的報償，必然能補足企業短期的利潤。

所以，企業不能為了避免短期利潤的損失而避開社會責任，也不能只顧利益而對社會與人類帶來危害，應該用企業倫理建立正面的思維，處理企業倫理、企業與員工、企業與家庭、企業與環保及企業與社會的議題，以「智」的精義提出有效解決方法，確保永續發展。

三、國內外企業善盡社會責任的案例

國內外已有許多知名的企業在經營上都能善盡社會責任，也廣受大眾的肯定，不僅為企業帶來了可觀的利潤，也為企業提升了良好的形象。國際企業部分，在污染防制與環境保護的議題上，杜邦公司為了回應農夫希望減少農藥使用量，保護健康的需求，致力發展新的除草劑產品，推出後，每年協助全球的農民減少四千五百萬噸的農藥用量。比利時有一家 Ecover 公司，以天然肥皂與再生物質為原料生產清潔用品，同時，其生產工廠的環境工程嚴格控管排放物，不致對其附近社區居民造成健康與生活的影響，顯示企業對環境敏感度的最高程度回應，善盡社會責任。

將時間與資源奉獻給慈善事業、提升人民文化品質，增進人類幸福的活動等，也是企業實現利益眾生的利他方式之一。例如 IBM 電腦公司捐贈技術、產品和資金給予美國的慈善機構，在澳大利亞協助造林，支持印度一家殘障機構，為巴西的一間學校重建校舍，這些活動都是該公司的社會責任。

美國有一些高科技公司鼓勵員工志願加入「美國科技團」（U.S.Tech Corps），參與公立學校協助科技教育。另有一些公司也允許員工在其上班時間去捐血，為聯合勸募、食物銀行募集食物、衣服或資金等。有公司在員工捐款後，也相對捐出同等額度的金錢，以相對基金的作法，讓員工與公司都能盡社會責任。

全世界最大的連鎖零售企業沃爾瑪特（Walmart）實踐社會責任的方式包括下列一連串的計畫（林建煌，2006）：

(1) 好鄰居計畫：透過此計畫進行社區公益活動，幫助社區鄰居，鼓勵沃爾瑪特公司的員工參與當地鄰近社區的建設。

(2) 照顧兒童計畫：沃爾瑪特公司宣示，兒童是社會的未來，公司將竭盡所能照顧兒童，使其擁有健康、幸福、充實的生活。

(3) 成立教育基金和獎學金計畫：沃爾瑪特公司瞭解教育對於社會發展的重要性，為創造充滿希望的未來，每年以獎學金支持教育發展。

(4) 綠色環保計畫：公司認為本身有責任為保護環境和資源盡力，以此環保計畫大力實現對所在社區的土地、空氣和水資源的承諾。

(5) 參與紅十字會救災活動：協助受自然災害破壞的社區進行重建工作。

(6) 沃爾瑪公司實踐對於社區的社會責任，服務社區，與社區民眾維持良好的互動關係，因此建立了良好的企業形象與聲譽。

國際知名大企業美體小舖（THE BODY SHOP），在全球有 1,800 多家分店，其主張的理念廣受社會大眾認同，營運也因此受到顧客的肯定。它在公平交易、環保、保護動物、尊重人權、社會改革等方面的願景皆為世人所津津樂道。美體小舖以下列五大使命來體現企業社會責任（莊安祺，2001）：

（1）**反對動物實驗：**公司所有產品皆不做動物測試，對原料供應商嚴格審核控管，絕不採購經過動物測試的成分。公司的創辦人安妮塔・羅迪克（Anita Roddick）認為目前可供化妝品工業使用的成分超過 8,000 多種，足供化妝品工業生產有效且安全的產品，無需動物實驗，更不必使用動物成分，呼籲化妝品產業、政府及消費者支持。由於美體小舖及其企業夥伴的努力，許多歐洲國家包括英國都已立法禁止用動物測試化妝品，美體小舖也得到國際組織的榮譽肯定。

（2）**喚醒自覺意識：**提倡女性自覺意識，以廣告、行銷活動、宣傳來支持婦女權利，包括女性投票、受教育、工作環境及待遇平等，反對性別歧視、家庭暴力、兒童虐待。更重要的是，反對媒體及化妝品工業利用模特兒的完美形象，使所有其他女性產生罪惡感。

（3）**支持社區公平交易：**美體小舖在全世界 12 個地區向貧窮、資源匱乏的部落、組織甚至無業遊民組成的團體，以公平交易價格購買當地的原料或手工雜貨。並將這些收入支持弱勢團體可以維持技能，建立醫療、教育設施。美體小舖的此一採購模式，使消費者不僅得以買到品質良好的原料所製成的產品，也間接協助眾多落後地區人民的生活。

(4) **捍衛人權：**美體小舖以實際行動表達對於言論自由、生命財產保障、工作、教育、居住、醫療等基本人權的支持與維護，反對任何人因為政治或經濟利益而遭受迫害。例如1993年美體小舖發起聲援紀念在奈及利亞因反對 Shell（殼牌）石油與當地獨裁者濫採家園而被處死的鬥士。1998年美體小舖與國際特赦組織發起「留下你的印記」活動，聲援全世界人權鬥士，獲得四百萬個顧客留下了指印響應。2000年美體小舖創立「人權獎章」每兩年選出一個對社會、經濟及文化有特殊貢獻的個人或民間團體，給予獎金及表揚。

(5) **保護地球環境：**美體小舖持續推動任何可保護地球資源的相關活動，鼓勵「減少使用、回收、再利用」的政策，主張「自行處理所製造的垃圾」，鼓勵消費者將空瓶充填或回收，在公司內部成立「環保計畫」部門，出版環保評估報告，執行在全球每一個門市空瓶回收的政策，成效卓著。同時，美體小舖也帶頭提倡關心環保活動，提高民眾對於節省能源、水土保持、保護瀕臨絕種動物的認知與參與。美體小舖還特別推薦12種瀕臨絕種動物造型的香皂和文具，提供兒童寓教於樂的保育觀念，以及支持研發「再生」及綠色能源。包括1986年開始與國際綠色和平組織長期合作的「拯救鯨魚」活動，1989年發起「停止燃燒」以拯救巴西熱帶雨林活動。2001年起其英國總部開始使用「環保能源」。

美體小舖對於企業社會責任的努力實踐，提升了企業形象。1988年美體小舖引進臺灣至今，有愈來愈多品牌風格與產品和其類似的品牌出現，其價值與信念已帶動化妝品的另一種潮流，而且受到許多消費者的認同與肯定，其產品特色成為消費大眾最信賴的產品之一，無形中為企業獲取了相當大的利潤。

台灣的永光化學可稱為是重視企業社會責任，實踐利他事業的典範公司之一，永光化學名列世界五大色料廠之一，色料產銷為亞洲第一大，現今除色料產品發展外，已逐步研發如特用化學、電子化學、醫藥化學及奈米材料等高科技化學產品 。公司經營以「愛心」為核心理念，其企業經營原則是「追求進步創新，發揚人性光輝，增進人類福祉」，經多年來的努力，永光化學已成為一家受國內外客戶肯定的跨國公司。永光化學重視環境保護議題，也注重員工的品格教育，成為與各種利害關係人溝通、應對的最佳利器。其總經理強調：「我們表揚的是員工的品格；而不是績效」，主張表揚品格能帶動員工相互學習的正面循環，使品格內化為企業文化。並把品格教育推廣至永光全球的十個子公司；也在校園舉辦品格研習營、座談會、夏令營、書籍捐贈等活動。永光公司要求員工寧可放棄眼前近利，不能因爭取訂單而走偏門。這種擇善固執的風格，雖曾因此流失訂單，卻也獲得多家日本客戶特地來台指名合作，不是因為永光規模大，成本低，而是看中永光沒有帶客戶上酒家的應酬習氣，永光因為品格值得日本客戶的信賴，逐漸成為永光的競爭力（何志峰，2018）。

台灣的永慶房屋集團也是努力實踐企業社會責任的楷模，過去一般的房仲業大多以「家」為服務核心，永慶房屋的經營理念則是以「家」為基礎，進而將關懷擴大至整個社會，以家為出發點推動「服務的圓滿」，「生活的圓滿」、更擴及做台灣「社會圓滿」的推手。永慶房屋從客戶服務經驗中發現，台灣社會老年化快速，老舊公寓更新不易，民眾在居住品質與安全的選擇上遭遇的困擾越來越多。因此，永慶房屋實踐的社會責任不僅止於捐錢，舉辦或贊助單一一次性的公益活動；而是針對這些問題運用本身的資源，包括「通路」和「人才」，及公司對於住宅與法令的專業，回饋社會和協助銀髮長輩解決住居上的安全問題。公司發動全省經紀人在日常做房屋現況調查時特別要關注是否具備無障礙設施，彙整資訊，建立全台灣首創的「無障礙房屋資料庫」，累計進2千棟社區大樓、近6萬件的房屋物件，在永慶房仲網站上架設「無障礙住宅專區」，提供有需要的銀髮族、身障者民眾隨時查詢，協助民眾找到適合的友善無障礙居住環境。此外，公司還以其成立的永慶慈善基金會作為整合的平台，連結產、官、學力量，提出「全齡通用宅」概念，連續三年出資舉辦通用展，教育大眾掌握打造安全便利住居的關鍵，更促進了「住宅法」相關法令與規範等制訂，為台灣建立無障礙的圓滿生活環境。永慶房屋積極承擔社會責任，以「台灣銀髮長者住居安全計畫」拿下了第九屆「遠見雜誌」企業社會責任-社區社群關懷組楷模獎。永慶房屋的實踐企業社會責任受到社會大眾的肯定與信賴，也為其帶來很好的利潤收益。

伍、企業實踐「利益眾生事業」的商業模式與行動步驟

企業可以發展出對企業有利，又能實踐社會責任的商業模式，整合經濟力量與社會力量，一同解決社會的問題，善盡社會責任。也就是建立「利益眾生事業」的有效商業模式，創造正向的社會影響。管理大師彼得．聖吉（Peter Senge）在其「第五項修練」一書提出企業「學習型組織」理論，成為世界各地企業領導人積極學習推動內部組織改造的經典，他對於環境與經濟的永續發展非常重視。1992年台灣的「天下雜誌」引進彼得．聖吉的系統思考與學習型社會的觀念，2004年彼得．聖吉接受天下雜誌越洋專訪（天下雜誌 - 標竿十年專題報導）談論企業該如何超越傳統方式，提升競爭力時，他指出現代企業不僅是提供顧客好的服務，提供股東好的報酬，他們更負有善用力量的責任。社會授予企業追逐利潤的權力，隨著權力而來的是責任。但責任感的意識過去並不明顯。企業的力量擴大了，但責任感卻在惡化，這會造成令人擔憂的結果。針對當今企業普

遍面臨的受到股東壓力，常必須忽略長期利益，採取短期獲利的策略，應如何因應的難題時，彼得．聖吉認為企業的責任意識正快速崛起，以美國市場為例，約有10%至15%的股票型基金有實施社會環境影響的篩選。大約有5%的投資者發覺，提供最佳長期投資報酬率的公司在社會面與環保面，也是最負責任的經營者。一個企業如果著眼長期經營，自然會關切當地市場的民眾教育水準、政府安定度、社會穩定性及環境保護，因為這都會影響公司接下來10年的競爭力。依據上述彼得．聖吉的論述可知，實踐企業「社會責任」才是提升企業競爭力的關鍵。

依據關聖帝君所揭示的理念，企業發揮「智」的精義致力經營，建立利益眾生的事業的商業營運模式基礎，要從形塑符合倫理的優質企業文化，發展有助於員工實踐社會責任行動的組織機制，有效推動企業社會責任的系統，以及商業營運模式有效結合行動作法等四個面向來論述。

一、形塑符合倫理道德的優質企業文化

企業經營需要面對許多的倫理道德的問題以及社會責任的議題，企業領導人可以運用管理方法，塑造符合倫理道德的組織文化，因為組織優質文化的形成可以影響員工幹部的道德行為，企業文化對組織穩定、發展或成員的安全感與歸屬感都能發揮強而有力的功能，可以解決企業在環境中的生存與適應問題，及組織內部的統整問題，透過成員共享的價值觀，可以提升組織的績效。

可運用的方法包括：聘用高道德標準的人、建立道德規範與決策準則、以案例教育與引導員工、建立工作目標與績效評估機制、提供倫理道德有關的訓練、公司建立企業倫理道德的支持機制，當員工有倫理道德難題時給予應有的支援。依循關公的「圓滿人生」奧義所揭示的就是企業內部的文化，要能讓主管幹部與基層員工都具有獲得人生「圓融」的思維，都能獲得正確「依循」的生活方式，而且在公司內得到正確成就的「依靠」。所有員工生活應用上要能體認到道德倫理準則的信仰，並與社會關懷相融合，做一個篤定的自己，認真的執行公司的目標，踏實的完成任務，公司的願景與社會責任成為員工虔誠信仰，願意全力以赴的激勵動力。公司要形塑符合倫理能展現「智」的優質文化可朝下列的方向努力：

（一）高階管理者以身作則，建立正確的經營觀

企業要建立符合倫理道德的文化需要高階管理者的領導與大力投入，因為組織文化氣候是高階主管設立的，領導者的一言一行常是公司員工模仿的對象。例如如果高階管理者有假公濟私、浮報公賬，或給予親戚朋友特權待遇等行為，其他員工也可能會效法。此外，高階主管對員工的獎懲行為也會影響組織的文化。如果高階主管晉升以不正當手段達成目標的經理，即是在向其他員工表示這種手段是可被接受的，相對的，當發現員工有不正當的行為立刻懲罰違規者，並立即公布事實與處分的內容時，就是透露一種訊息讓員工警惕做了不符倫理道德的行為是要付出代價

的。所以領導人有正確的經營觀是很重要的，關係著倫理道德文化的形成。正確的經營觀是建立在社會性、教育性、收益性的整體化。社會性就是對社會和人類有意的事；教育性，就是引出人性，引導員工發現的優點，並創造施展優點；收益性雖然是賺錢牟利，但一定要在追求社會性和教育性的同時也追求收益性，將這三個指標能整體性的同時提升，才是「智」的表現。；具體而言，即是要基於對社會、人類有益的目的下經營企業，努力培育重要的經營資源，也就是要致力於建立員工正確的生活態度與道德倫理的行為準則，將提高利潤視為成果。

（二）建立企業的倫理價值規範，激勵員工從事符合道德行為

關聖帝君在「聖凡雙修的生活方式」對企業的啟發中提及諸多生活中煩惱的事，以及現在各種問題產生，導致徬徨失措，主要顯現的根本在於「失依」，也就是失去圓融的依循方法及正向肯定的依靠信念。引伸到企業的內部經營，就是公司要建立一套企業的道德倫理行為規範，作為員工遇到倫理問題時可以依循的行為規範與生活態度。員工遇到倫理道德的判斷問題，才能知道哪些行為是公司鼓勵的，或哪些行為是公司要求禁止的，員工才能據以正確處理倫理的問題。例如，王品台塑集團發展名為「王品憲法」及「龜毛家族29戒」等明確說明企業的價值與行為規範，要求員工清廉自律，不允許員工投機股票，任意收受饋贈等。此外，企業內部傳述曾經發生的倫理道德正面故事，或在公開場合表揚稱頌倫理美德事蹟等，皆可有效傳達公司期望員工建立的生

活與工作價值。例如，公司流傳曾有員工舉發公司經理收受回扣的事；某位員工在颱風過後，主動回公司協助災後重建等，這些員工因而獲得獎賞，藉由事蹟的傳述與公開的表揚，或是高階主管不斷強調的價值觀，可讓員工瞭解企業「對」與「錯」的行為準則及判斷標準，有助於形成企業的倫理文化，員工的行為準則也有所「依循」。

以公司的企業文化影響與採取獎勵員工的手段雙重運用，是影響員工行為的有效方法。2016年，美國富國銀行（Wells Fargo）發生員工為了衝業績，盜用客戶資料，私設幽靈帳戶超過上百萬個，造成客戶損失，事發後，銀行執行長出面公開道歉，公司必須賠償鉅額罰金給受牽連的客戶。員工為何會做違反倫理道德的事呢？深入分析顯示，（EMBA 世界經理文摘，2017）。首先，員工可能有出現問題（如欠了賭債，擔心失去工作等），他覺得告訴別人也無法解決；其次他相信，透過破壞信任，一些違反正常規則的方法可以把這些問題悄悄解決；最後，員工必定會經過一場與自己內心的對話，讓這個違反倫理道德的行為變得似乎可以被接受。典型的案例是，員工挪用公款，但告訴自己，只是暫時先向公司「借錢」，以後一定會還給公司，沒有人會知道。這是典型的員工違反倫理後，找藉口合理化其行為的案例。把行為合理化並不是員工做了壞事被發現後才找的脫罪之詞，而是在行動之前，他們以此動機理由說服自己，進而做出違反倫理的行為。要杜絕此種違反倫理的行為就是公司要設法消除掉員工會合理化的部分。有效方法就是讓員工要違反倫理之前以倫理的規範阻斷其找藉口合理化的機會，例如要求員工事先簽名保證不得違反公司的倫理規定，善用獎勵手段建立防止員工從事違反道德行為，引導員工的行為往正確的方向走。在美國富國銀行私設帳戶的案例中，表面上看來，是有些員工為了衝業績不擇手段，然而，更多的案例顯示，當公司發生醜聞時，追根究底往往跟個別員工較為無關，而是整家公司結構性出現問題，換句話說，就是公司文化缺乏維護倫理行為的機制導致。所以，建立具倫理道德價值的企業文化，善用獎勵手段建立防止員工從事違反道德行為，影響員工正確的觀念，使員工行事有所「依循」才是有效的方法。

（三）落實倫理道德與社會責任於公司教育訓練中

研究顯示，透過長期的教育與人生的社會化過程，每個人會發展出一套獨特的心理模式，透過組織文化、例行程序、對員工行為的不成文規定等表達出來。例如，常常有公司宣示：「這就是我們做生意的方式」，這就是表達了此企業的心理模式。企業和人一樣，經過長時期的教育與歷練，每個企業會發展出獨特的心理模式，可以協助管理人員快速處理資訊與做決策。所以，企業建立倫理價值規範之後，最重要的是將此規範的心理模式迅速落實在員工的思想、習慣和生活方式中，透過學習將倫理道德準則植基於日常工作行為的正面能量上，成為一種正確的生活態度，形成員工處理資訊與決策模式的基礎。透過教育訓練使員工融入企業文化是有效的方式。實務上，企業在實施教育訓練的過程，要加入企業倫理道德的訓練，教導員工在面對倫理問題時，應該具備的理性態度及問題解決程序與方式。

跨國企業波音公司以「正直問題：道德的挑戰」教育訓練計畫來增進其員工的道德認知行為，是公司實施倫理道德行為訓練很好的範例。此項訓練內容設計了五十四種不同的道德狀況，每個狀況各有四項不同的可能處理方式。主管以小組討論的方式提出每一種情境，要求員工選擇最好的處理方式與結果。例如提問：「你走進大廳時，聽到一位男同事一直喊女同事為「寶貝，你會如何做？」；『在上班時從事直銷的業務，販售安麗 (Amway) 的產品』；或是「到主管的海邊小屋度假」等與員工生活相關的道德行為問題狀況，然後由員工選擇最好的方式，藉以強化員工對於道德倫理的認知判斷。此種教育訓練強化與提醒員工對於公司倫理行為準則的認知，訓練課程明確界定了可行與不可行的作法，高階主管也期望他們在作決策時，將道德納入考量。由於員工針對情境集體討論彼此共同的議題，面對道德兩難時，他們知道並不是孤單的，所以當員工在採行不受歡迎但道德的行為時，有更強的信心做正確的倫理行為決策。（Stephen P.Robbins, Mary Coulter，2003）。

以直銷美容保養產品著名的雅芳公司對於旗下的美容代表與顧客面對面的行銷業務活動行為有很嚴格的倫理要求，公司設計了「雅芳商業道德行為準則」作為所有成員必須遵守的倫理規範。

2004 年開始雅芳公司將倫理課程納入新進人員的訓練課程中。主要是利用互動練習和遊戲，引導學員理解自己的內心。首先由負責訓練的講師講述一些與道德主題相關的故事，然後讓學員提出自己最喜歡和最不喜歡的人物，分析每個人對於世界及情境狀況理解的方式和偏好。並透過小組的互動討論，讓每個小組舉出因不遵守商業道德而失敗的案例，接著所有參與的成員從此案例中討論：「有哪些事情是違反企業倫理的行為？」，及「為什麼我們要重視企業倫理？」，由參與成員每一個人自己歸納比較分析，提出應該如何做才合乎倫理要求的結論，引導學員將此概念運用到實際工作中。訓練完成後，要求學員詳細閱讀「雅芳商業道德行為準則」，並在上面簽名，強調其重要性。（蔡敦浩，劉育忠，2012）

企業文化是隨時間逐漸形成的信仰、願景、價值觀，以及運作模式，當公司透過教育訓練將倫理道德行為準則規範讓員工瞭解公司對倫理品格的要求，內化為員工的信仰與生活態度，日漸薰陶，有助於企業形塑優質的文化，從而成為公司發展「利他」事業的深厚基礎。

二、發展員工實踐社會責任行動的組織機制

要成功建立利益眾生的事業必須要有強而有力的組織行動機制，因此，企業透過文化及教育訓練，讓員工瞭解公司本身對於倫理行為及社會責任的目標後，接著要發展有助於實施企業倫理

與社會責任的組織結構與作業流程。透過獎勵與懲罰機制強化員工遵守企業倫理道德價值與行為有效的手段。例如主機板大廠華碩公司 2004 年決定將員工的品德操守列入年度考績的評鑑項目，員工的年度考績，除工作績效的考核外，還依據「謙、誠、勤、敏、勇」五大原則評估品德，以透過考評要求員工能在品德操守上持續改善，瞭解華碩的經營理念與方向、並徹底融入員工的日常行為中。華碩領導人施崇棠先生非常重視公司的經營方向、企業倫理及公司的文化，認為企業文化的形成除了領導的堅持外，更需要全體員工的參與及自省、自律、堅持，企業倫理與企業文化才能融入日常工作當中，成為一種習慣，自然形成。華碩高階認為品德考核原則適用於全球各地研發、業務、財務會計、生產等各部門的員工，要求各部門主管依據各部門特質，訂定不同的計分比重。華碩將無形的品德落實為「謙、誠、勤、敏、勇」成為「可衡量」的標準。發展考核機制，使成為協助員工的自我瞭解與改善發展。例如在「誠」的考核上，華碩不鼓勵業務員為爭取訂單不擇手段，因此，其業務人員與客戶應酬，絕不會有「第二攤」（經濟日報，電子科技大廠對員工道德看法）。

可知，如果公司能持續獎勵員工合乎企業倫理的行為，處罰不道德的行為，員工就會更積極的重視公司的中心價值。企業能成立專責企業倫理與社會責任的單位，更有助組織推動企業社會責任的各項事務。IBM 的制度即充分展現其推動社會責任與企業倫理的組織機制，它成立了企業全球服務隊，派遣員工至印度、越南、尼日、肯亞、埃及、巴西、羅馬尼亞等國參與地方發展建設，以其專業的資訊方案知識協助上述國家的城市規劃人員、企業家或非政府組織，制訂城市發展所需的資訊系統。使公司內部上至高階主管、下至工程師都有機會成為全球公民的一份子。IBM透過這套培訓制度提升員工的全球公民意識。IBM一方面以本身擅長的資訊專業回饋社會，另方面也能強化員工的專業知能與合作能力，為全球開發中國家城市規劃未來所需的資訊系統。

為確保倫理道德與社會責任的執行，防止社會責任的相關危機出現，企業內部可如同財務稽核一樣，建立良好的社會責任稽核機制，可以定期而例行性的稽核，也可以無預警的方式實施。尤其對於容易引起倫理危機的工作，企業必須有內部控管的機制，幾年前，富邦金控在經營運動彩券期間，就曾經發生運動彩券公司襄理利用職務之便，及電腦系統可以重啟的漏洞，在賽事結束後才重啟電腦下注，連續四期以非法手段詐領高額獎金。富邦金控將重啟電腦下注的重大權力授予單一主管，且缺乏控管機制，以致發生違反倫理的問題，社會大眾對富邦金控的運動彩券失去信任，也影響富邦金控的形象與聲譽。可見企業內部建立社會責任稽核機制的重要性。企業對於會影響重大社會利益的流程，必須特別建立社會責任的流程稽核機制，以免出現危機。

三、有系統的推動與管理企業社會責任

企業在建立員工的倫理道德觀念及形塑公司實踐社會責任的文化之後，要能持續組織執行的動力，領導人必須要建立一套可行的方法，使組織可以系統的推動企業社會責任。首先，領導人必須要有推動的決心，這是成功與否的重要關鍵。沒有公司高階管理者的支持，並將其納入公司策略規劃的一環，任何的企業社會責任計畫絕對無法成功。因此，公司在制訂策略規劃的同時，也要擬定一個明確的政策。其次，需要有高階的領導者領導一個委員會或專案小組，來協調整個企業社會責任的組織運作，才能讓公司內部的每一個層面配合執行。第三，應該由有高階的領導者與委員會共同向員工宣達企業的社會責任與目標方向，顯示公司對於執行社會責任的高度承諾。例如國內的食品大廠統一企業公司內部即成立一個由高階管理者主導的「企業社會責任管理委員會」，負責推動企業社會責任的目標及各項業務。

在推動企業社會的管理層面，可以採取下列作法：

（一）編列年度執行社會責任計畫的預算，展現公司的承諾

公司可具體提列一定比例的營業額作為執行預算，依據預算及本身的社會責任目標，決定要回應的社會議題，擬定各項社會責任可行方案，投入的資源狀況，內外部各部門的配合事項、時程的規劃，排定推動執行的優先順序，並對員工進行教育訓練與利害關係人溝通等。

（二）指派專責的執行人員負責推動業務事項

執行社會責任的方案需要公司各部門的配合，因此必須指派專責的管理人員負責協調與推動，以確保社會責任的推動能契合企業策略方向的要求。

（三）發揮社會責任稽核機制的監督作用

公司要針對執行社會責任的過程進行定期或不定期的稽核，以有系統的檢討、監控和分析企業在社會責任目標的達成度與策略執行的有效性，尤其要著重的是針對社會所關切的事件設定衡量指標，以評估企業的社會衝擊程度藉以調整執行策略。

在組織制度的面向建立公司負責執行的當責系統及有效的內外評估與稽核機制，是有效實踐企業社會責任的基礎，也能展現企業對於社會責任的高度承諾。

四、商業營運模式有效結合社會責任，達成利益眾生的事業目標。

企業商業營運模式有效結合社會責任的三個行動作法包含：

（一）確定企業關心的公益活動議題：

議題的決定關乎行動主軸，一般企業可從三個面向來決定，首先是由公司的願景、使命、經營理念、文化出發，思考何種主題能契合，這可以讓之後的行動能確保與公司的經營理念、目標發展方向一致，易於凝聚共識。其次，要考量企圖達成的社會目的，應與本身的事業相關，如此才能有效運用現有的公司資源，減少成本支出，整合人力、物力發揮效益。不僅公益活動的議題師出有名，以市場角度而言，社會大眾會覺得合理，且較有可能因社會公益活動的影響，對公司本身的產品或服務產生興趣，進而帶來更多的商機。例如，蝦皮或Yahoo奇摩網站或許可以利用其網路平台舉行公益慈善拍賣會等。最後，議題的選擇可以廣納利害關係人，如股東、經營團隊、員工、供應商、通路、顧客、社區大眾等意見。

（二）制訂符合企業目標的行動方案：

企業要實現解決有利眾生的社會議題，當然也要能持續獲利；企業能因執行社會公益活動而帶來營運的成長，方能有更多的資源持續肩負社會責任，吸引更多的資源投入，形成良性循環，擴大影響力，使社會公益活動能永續經營。所以結合企業目標與社會公益議題是很重要的。例如上述宏碁公司以「回收塑膠」等環保材料生產綠色電腦產品就是個好例子。而行動方案也應該設定評估效益的關鍵績效指標，以供檢視所投入的時間、人力物力、金錢是否具有成效。

（三）號召公司全員共同參與，擴大影響力：

公司的公益活動議題如果是與公司發展的目標方向一致，較容易動員幹部員工，甚至員工家屬一起參與，同時，也可運用公司人際脈絡，邀請供應商、客戶一起共襄盛舉。具體而言，如果社會公益活動的議題與員工的工作有較強的連結，則動員的效益會事半功倍，因為可讓員工覺得投入此活動是有意義的；進而提升對公司社會公益活動的能量，更能擴大影響效益。例如美國安侯建業（KPMG）公司發起「人人一起讀」社會公益活動，捐贈資源給超過三千八百間學校，此活動號召全體員工及家屬共同參與，還考量其內部組織各層級的差異，公司執行長安排在聯合國發表相關演說，中階主管則利用午餐或下班後參與在辦公地點舉辦社會公益活動議題家庭研討會，邀請員工、客戶，以及家屬們一起參與，共同討論，既能讓眾人聯絡感情，也提供他們主動行善的機會，基層的員工，則直接請他們參與公益服務活動，此外，活動還與推特（Twitter）話題標籤連結，且換來曝光高達一千一百三十萬次的點閱。此社會公益活動給予社會大眾好的印象，提高了員工對公司的向心力；此項「利他」的社會公益活動也在消費者心目中留下了深刻的印象，提升了企業形象，也為企業帶來獲利（王筱婷，2018）。不僅有利於眾生，也擴大了企業的影響力。

陸、結論：建立「利益眾生的事業」是企業經營模式的主流價值

21世紀新的管理典範正在轉移，近年來新的經濟系統崛起，在現代的管理新典範裡，人人經濟的時代已經來臨（Craig Kielburger, Marc K. and Holly B，2018）。在這新的時代潮流中，企業經營要面臨比以往更多的挑戰，同時，也有更多的商業機會，能否成功通過考驗關鍵，在於選擇正確的發展方向與經營模式。關聖帝君的理念精義—聖凡雙修的生活方式提供了我們正向圓融的依循方法與正向肯定的依靠信念，就像是一盞明燈，不僅指引了人們生活的正確方式，也為企業的未來啟發了正確的經營方向—企業要朝向「建立利益眾生的事業」前進，才能為社會大眾帶來價值，永續經營。當企業領導人以「利他」的心為社會大眾傾注力量時，自己的心性就會得到磨練，幸福感及成就感就會油然而生，人生的正向能量信念也發揮了更大的價值，企業經營的心法就是在於「正向圓融」的依循方法。宇宙具有一種生生不息的意志和力量，是一種「向善」的力量，正如「五常導師」仁、義、禮、智、信奧義訓示的「正向能量信念」的價值。企業以「利他」之心經營符合「向善、圓融」而可以正確依循的宇宙意志。深入的理解與實踐可以為企業經營者開啟「智慧的寶庫」，因此也將得到正確圓融成就的「依靠」。所以，真正成事的經營者，都是在成就大眾，

建立有利眾生的利他事業中完成自我的展現與圓滿，不僅實踐「五常德」，也成為社會大眾依循的光明力量。這正是21世紀企業經營思想的主流。

總結而言，企業經營管理新的潮流趨勢是，企業可以透過建立利益眾生的利他事業來賺錢，也可以在賺錢的同時改變世界，讓整個社會變得更美好。所以，企業實踐社會責任的同時，其實本身也能獲利，回饋大眾，也在回饋自己，為永續經營打下基礎。只要努力，企業可以發展出對企業有利，又有益於盡社會責任的商業模式，經濟力量與社會力量結合，一同解決社會的問題，善盡社會責任，公益社會企業，這也是關聖帝君對企業經營的啟發。

參考文獻：

2019「遠見企業社會責任獎」名單引自 https：//csrone.com/news/5532 網站 EMBA 世界經理文摘，376 期，2017 年 12 月號，p.16~18。

王筱婷（2018），EMBA 世界經理文摘，382 期，6 月號，p.85。

王筱婷（2018），EMBA 世界經理文摘，382 期，6 月號，p.89。

林建煌（2006），管理學，新陸書局，第 2 版。

李秀英，劉俊儒，楊筱翎（2011），東海管理評論，第十三卷，第一期，P.77

112。

呂愛麗（2010），世堡紡織：寶特瓶再生成球衣，風光世足賽，遠見雜誌，P.294。

何志峰編著（2018），國際企業管理與策略，華泰文化事業股份有限公司，第3版。

林建煌（2006），管理學，新陸書局有限公司，第2版，P.79

洪子豪（2009）企業概論－經營理念與實務運作，第2版，P.62。

莊安祺譯，（2001）安妮塔．羅迪克著，打造美體小舖，聯經出版公司，2001年；轉引自中山大學企業管理學系著，企業概論－建構企業核心價值，p.109-110。

黃郁文、曾仁凱（2013），「落實社會責任 宏碁排碳 回收塑膠機殼」，聯合報，3月12日。

黃建銘（2009），企業社會責任與營運績效分析：兩層級資料包絡分析法之應用，國立政治大學社會科學學院財政研究所碩士論文。

經濟日報－電子科技大廠對員工道德看法。轉引自洪子豪著，企業概論－經營理念與實務運作，第2版，華泰文化事業股份有限公司，2009年，p.65。

蔡敦浩，劉育忠（2012），「企業概論」，第2版，2012年，滄海書局，p.85。

稻盛和夫（2018），「稻盛和夫的哲學：人為什麼活著」，譯者：呂美女」，天下雜誌出版。

Craig Kielburger, Marc K. and Holly B. （2018） "WEconomy," John Wiley &

Sons, Inc. March.

Gary Hamel（2012）、"What Matters Now: How to Win in a World of Relentless Change, Ferocious Competition, and Unstoppable Innovation," John Wiley & Sons, Inc.

McWilliams, A., and D. Siegel(2000), "Corporate social responsibility and financial performance: Correlation or misspecification? ", Strategic Management Journal, 21:pp. 603-609.

Stephen P. Robbins, Mary Coulter(2003), 林孟彥編譯，管理學，第2版 pp. 137-138。

第五章

「信」的實踐策略——實現精勤的人生理想

仁
虔敬
義
持恆
玄門真宗
信
圓融法界的愛
智
信仰
禮
祈願
信

「信」的實踐策略——實現精勤的人生理想

姜得勝
國立嘉義大學教育學系（所）專任教授

摘要

本文緣於國立勤益科技大學文化創意事業系黃士嘉教授接受「中華關公信仰研究學會」委託專題研究計畫——「『聖凡雙修的生活方式』實踐策略論壇暨專書出版稿件彙整之研究」，爰邀作者針對「中華關公信仰研究學會」之核心信仰價值「仁、義、禮、智、信」此「五常」之「信」，進行本文主題之深入探究。作者首從「信」之意涵切入，進而論述「誠信」與「不誠信」的主要規範依據，接著驗證「守信」的重大價值，並辯證人為何會「不守信」與「不能苟責的不守信」之相關問題，且列舉當前社會「守信」與「不守信」之實例，最後總結闡述提升國人「誠信素養」之實踐策略。

關鍵字：信、人生理想、五常、誠信素養、倫理關係

壹、緒論

一、研究的緣起

本文之探究，緣於國立勤益科技大學文化創意事業系黃士嘉教授接受「中華關公信仰研究學會」委託專題研究計畫——「『聖凡雙修的生活方式』實踐策略論壇暨專書出版稿件彙整之研究」，黃教授考慮學術專業，爰是邀請作者針對前述計畫案要求，配合「中華關公信仰研究學會」之核心信仰價值「仁、義、禮、智、信」此「五常」之「信」，撰寫相關主題論文乙篇。而作者考慮為激發「中華關公信仰研究學會」等多元化讀者的學習興趣，乃儘量避免過度枯燥、單調、生硬內容，特別從較通俗的角度予以論述。

二、「五常」之意涵

根據我國教育部所編《教育部重編國語辭典修訂本》，指出「仁、義、禮、智、信」乃指中華文化之「五常」，與「君臣、父子、夫婦之道」所稱之「三綱」，並稱「三綱五常」，為昔日中華文化主要的社會倫理規範；而當前「三綱五常」則泛指人類社會一切的人倫大道（中華民國教育部，2015a)。從人倫本質論之，儘管不同時空、世代、族群之規範內容、標準與表達方式等可能有些差異，但其核心倫理本質應是不變的；然而，當前人類，尤其台灣社會，過度強調多元，逐漸流失主要單元核心價值，導致社會價值觀有些錯亂。

本文囿限於篇幅，乃僅從「五常」規範予以探討，尤其將焦點著重於「信」此層面。「五常」的「常」，當名詞用，意指「倫理關係」；而「倫理」則指「人倫道德的常理」；又「倫理」的「倫」當名詞用，指「常理、人與人之間的正常關係」之意，又指「條理、順序」與「輩、類」之意；而「倫理」的「理」當名詞用，意指為「事物的規律、意旨、順序、層次」，足見「倫」與「理」的內在底蘊本質實有相通者，且又指人類這種族群所特有的正常道德規範；至於「道德」則意指「人類某族群社會於某時空所應當遵循與表現之合理性與正當性的行為規範」。睽諸歷史事實，正如前述，人類行為規範的內容、標準與表達方式等有些可能會隨著不同時空、世代、族群等不同而有些差異。故統合言之，「五常」意指「人類某族群社會於某時空之人際互動過程中，所應當遵循與表現之合理性與正當性的五種行為規範」(中華民國教育部，2015b，2015c，2015d，2015e，2015f；姜得勝，2010)。

三、「信」可謂是「五常」之核心

「五常」包括「仁、義、禮、智、信」此五種人類社會主要行為規範，其彼此間之功能相互為用，相輔相成，建構成人類一套合理性與正當性價值規範。如人人能合理性與正當性地展現，則人類將邁向個人身心靈健康、家庭和樂、社會和諧之理想世界；雖然由於人類社會極為複雜，那理想世界很難、甚至不太可能實現，但人類也不能放棄對那理想的追求。尤其，「信」可謂是「五常」中之核心，因「仁、義、禮、智」此四種人類社會主要行為規範，終究需仰賴個人或家庭、社會、國家成員之「正當誠信」，始得實踐與實現。

面對當前我國社會有些掌權公眾人物硬拗扭曲、有些政策朝令夕改、有些政治人物愛做秀、有些法令假借不良名目胡亂修改、詐騙集團猖獗、黑道或販毒集團誘拐欠缺社會經驗青少年加以控制、有些工程人員偷工減料、有些商人販賣過期食品、有些夫妻違背婚姻承諾而發生婚外情、有的不肖長輩利用少女對長輩之尊重加以性侵亂倫、甚至有人利用大眾所虔誠信仰的宮廟教會神明（上帝）詐騙社會等光怪陸離亂象，當前整個台灣社會，一般人與一般人之間、一般人民與政府官員之間等的「誠信」，似乎變得很薄弱。

四、關公正派誠信精神是現代社會的救命丹

自古迄今，中華民族的「關公」對誠信的堅持與實踐，可謂是最為華人所景仰推崇的典範。

身處當前台灣社會，在有些層面可謂是「誠信墜落」的年代，五常中之「信」的價值規範，是實踐其他「四常」（仁、義、禮、智）之原動力，益顯關公正派誠信精神之價值與可貴，足見「誠信」問題與人類社會理想之實現攸關密切，而理想之實現首重「實踐策略」，爰是本文以「誠信之重大價值與其實踐策略之探究」為題，予以深入解析，冀期激發國人之重視。

貳、「信」之意涵

人類異於禽獸的主要特質之一，由「信」此字的結構即可知，由人講出的話組合成「信」，足見「信」是人類言談（衍生為書寫文字）極為重要的本質；進而言之，人類如「不守信」，則很難成為「人」。

本文進而根據教育部所編纂《教育部重編國語辭典修訂本》得知「信」有多個意涵，而與本文相關之「信」的主要意涵界定為（中華民國教育部，2015g, 2015h）：

一、誠實不欺：如誠信、守信、信任、信用、互信、信仰等。

二、符契、憑證、憑據：如印信、信物等。

「信」之意涵不論意指「誠實不欺」或意謂「符契、憑證、憑據」，其相關的正向詞彙，諸如講信修睦、言必有據、一諾千金、一言九鼎、「一言既出，駟馬難追」等；相關的負向詞彙，諸如信口開河、口不擇言、胡說八道、胡言亂語、一簧兩舌、「人而無信，不知其可也」等；本文於論述過程中所提及「信」之內在底蘊，皆直接、間接與前述「誠實不欺」、「符契、憑證、憑據」之意涵相通，於本論文中因應前後文脈流暢之所需，以前述不同語詞予以表達；尤其，「誠」當形容詞用之意指「真實無妄、忠實不欺」，當副詞用之意指「的確、確實」，實與「信」之核心本質意涵相通，故於本文中常用「誠信」乙詞以表達。

參、「誠信」與「不誠信」的主要規範依據

一、道德（良知）層面

根據作者探索高樹藩所編纂《正中形音義綜合大字典》與多年研究後，發現從中華文化造字結構解析意義觀之，「道德」是指「人類社會所應當遵循與表現之合理性與正當性的行為規範」；具體言之，即是指「人類某族群社會於某時空所應當遵循與表現之合理性與正當性的行為規範」（姜

得勝，2010）。當前中年以上年紀者耳熟能詳的「人而無信，不知其可也」之古訓與「青年守則」第四條明指：「信義為立業之本」，皆揭示正向的「守信」，不僅是古今中外人類社會待人接物處事之根本，也是個人或團體「立業」之圭臬，更是對當前詐騙案件頻繁的台灣社會之警鐘。

正向的「守信」行為，不僅學習對自己的行為負責、對得起自己的良知，而且贏得他人與外在大社會的美名，也是待人接物處事立業之基礎，可謂是追求個人成就、遵守愛情承諾、提升各機關各層級行政業務穩定推動與績效之基石。很少人會否定正向的「守信」是一種美德，正如古人所留下的：「一言九鼎」、「一諾千金」、「大丈夫一言既出，駟馬難追」等重承諾的名言；而在古時候法律較不周延的時代，「守信」行為之主要根本規範乃在於人類與生俱存的「道德」（良知）。

深究之，道德與法律兩類規範之關係頗為複雜，其中，道德與法律的規範本質是不同的，道德是「柔性的規範，重在自律，較無強制性，約束力較鬆弛，但境界較高」（姜得勝，2014，頁53）。如果違背「道德」的行為，往往主要會「遭到人格尊嚴、精神、輿論與名譽等相關無形良心之制裁，西洋稱這種違背道德良心的罪為『sin』」（姜得勝，2014，頁54）。亦即，「道德」規範的主要價值在於：

規範人類多面向的外在顯現行為，兼顧個體內在態度、價值觀、意念動機等，雖無強制性，但卻可超越時空藩籬；雖較不像法律之凡事講求證據，卻可彌補法律之不足與極限，且較可深入人心（姜得勝，2014，頁54）。

進而言之，如果一個人或機關團體惡意毀約，即使未涉及法律問題，也會導致除了個人或機關團體成員內在良知不安外，還可能導致該個人或機關團體成員遭受他人與外在社會大眾之「不再信任」、「不再尊重」，甚至遭到唾棄謾罵等傷害之重大損失。

二、法律規章層面

道德的規範本質如同前述，而法律的規範本質與道德是不同的，法律是「剛性的規範，重在他律，較有強制性，約束力較嚴謹，但境界較低。因而有所謂『法律乃係人類最低的行為規範』之說法」（姜得勝，2014，頁53）。深究之，違背「法律」的行為，往往主要會「遭到肉體、人身自由、降級減薪、罰款賠償、財產查封等相關有形法規之制裁，西洋稱此類違反法律的罪為『crime』」（姜得勝，2014，頁54）。亦即，「法律」主要價值往往在於：規範人類最低層次正當行為之實踐，常以外在行為所顯現者為主，進而參酌個體內在態度、價值觀、意念動機等為輔；雖較具有強制性，但卻常受時空限制；雖凡事須講求證據，但却可強制規範人類外在行為；雖可做為維持社會永續發展之基準，但卻較難以深植人心（姜得勝，2014，頁54）。

進而言之，如果一個人或機關團體惡意毀約，又涉及法律，一般正常人除往往會受到前述道德（良知）的制裁外，尚會遭到法律的制裁。常見觸犯法條，諸如民國104年12月30日修正通過的「行政程序法」第8條規定：「行政行為，應以誠實信用之方法為之，並應保護人民正當合理之信賴」，爰被稱為「誠實信賴原則」。又據108年6月19日修正通過之「民法」第148條規定：「權利之行使，不得違反公共利益，或以損害他人為主要目的。行使權利，履行義務，應依誠實及信用方法」，也是人類社會行為需本諸「誠信原則」之展現。另根據民國109年1月15日修正通過之「刑法」第342條規定：「為他人處理事務，意圖為自己或第三人不法之利益，或損害本人之利益，而為違背其任務之行為，致生損害於本人之財產或其他利益者，處五年以下有期徒刑、拘役或科或併科五十萬元以下罰金。前項之未遂犯罰之」，此條概可謂為背信罪，舉凡此類相關法律，皆是因違法「毀約」所需遭受之強制制裁。

三、其他層面

有關人類社會「誠信」與「不誠信」的主要規範依據，除了最主要的道德（良知）與法律規章此兩層面外，其他諸如社會善良風俗習慣、正當輿論與正派宗教信仰等層面，也皆是規範之依據；惟社會善良風俗習慣、正當輿論與正派宗教信仰等規範依據，也不得違背一般道德（良知）與法律規章，因囿限於篇幅，故作者不詳細論述。

肆、「守信」的重大價值——人類社會幸福之基石

一、個體存在價值之根本

一個人活在天與地之間，也活在人與人之中，故有關個人的誠信問題，主要分個體對自我與個體對他人兩方面論述。首先個體如能信守對自我的正當性承諾，因為「承諾」是一種「力量」，則會自我反省、自我要求、自我約束、自我實現，各種學習績效自然會較高，各種工作自然會較順利，未來成就自然也會較高。

至於個體如也能信守對他人的正當性承諾，除具有自我承諾的修養力量外，又較易於營造和諧的人際關係，不論是求學過程的功課學習或工作職場的本職學能提升，朋友會較多，敵人會較少，隨之助力會較多，阻力會較少，個人存在價值發展空間自然較寬廣，此即古訓《論語．為政》孔子所言：「人而無信，不知其可也！大車無輗，小車無軏，其何以行之哉？」之道理！「輗」意指古代大車車轅與橫木相連接的插銷，「軏」則是指小車轅頭上連接橫木的關鍵零件（中華民國教育部，2015i，2015j)，足見孔子認為「誠信」是一個人安身立命、待人接物、為人處世等存在價值的根本；當前民國四、五十年級生所耳熟能詳的「青年守則」第四條也明指：「信義為立業之本」，足見「誠信」對個體人生之重要性。

二、家庭幸福和樂的泉源

當前我國社會之家庭中，最主要的組成份子包括夫妻與其子女；夫妻對愛情承諾的「互信」，是奠定家庭永續經營發展的黏著劑與主要核心價值；父母與其子女間或家庭之兄弟姊妹間，「互信」也是維繫其彼此親情關係之基礎；進而言之，家庭成員自我對自己的承諾與其彼此間之「互信」，是減少、降低、甚至避免彼此間衝突，開創家庭幸福和樂的泉源。

古時候極有名的「曾子殺彘」之歷史故事，迄今仍為人傳誦，詳見於《韓非子．外儲說左上》中明記：「曾子之妻之市，其子隨之而泣。其母曰：『女還，顧反為女殺彘。』妻適市來，曾子欲捕彘殺之。妻止之曰：『特與嬰兒戲耳。』曾子曰：『嬰兒非與戲也。嬰兒非有知也，待父母而學者也，聽父母之教。今子欺之，是教子欺也。母欺子，子而不信其母，非所以成教也。』遂烹彘也」(向光忠、李行健、劉松筠，2001，頁 1177-1178)。其白話意思為「曾子的妻子要到市集去，她的兒子跟隨着她在後面邊走邊哭。曾子的妻子對兒子說：『你先回去，等我回來後殺豬給你吃。』

妻子從市集回來，曾子就想抓隻豬準備殺了牠。他的妻子馬上阻止他說：『我只不過是跟兒子開個玩笑罷了。』曾子說：『不可以與兒子開玩笑。兒子什麼都不懂，他只學習父母的，聽從父母的教導。現在妳欺騙了他，如同是在教育他欺騙人。母親欺騙兒子，兒子就不會再相信他的母親了，這不是正確教育孩子的方法。』於是曾子就殺、煮豬肉給其孩子吃了。」此故事在說明父母對其小孩要信守承諾，以身作則之重要性，俾以建立父母與子女間之信任感。

三、學校願景實現的金鑰

學校之主要組成份子有校長與其教職員工生，其彼此間之互動，如果校長不信任其教職員工生之言行、教職員工不信任其校長與學生之言行、學生不信任其校長與教職員工之言行、學生彼此間之言行不信任、教職員工彼此間之言行也不信任，則該學校還算是學校嗎？該學校還有願景嗎？可能很快就會被「廢校」了。

反之，如果學校之校長與其教職員工生，其彼此間能互信，彼此分工合作，各盡其本份，各展其所能，秉持誠信，化腐朽為神奇，共同追求學校的願景，則移山填海之難，終有成功之日。

四、社會穩定進步的基礎

「社會」乙詞的詮釋，由於其範圍可大可小，且非人類之其他動物族群亦有某種程度類似人類族群的組織，又原始時代與現代人類族群互動模式也有明顯的差異，由於此類因素之關係，致使無法很明確界定。惟基本上論之，社會是由某個領域範圍內的不同個體所組合而成的族群，且該族群日積月累而有其共同的倫理（道德）、法律規範、風俗習慣、宗教信仰與輿論媒體等文化體系。

如果以當前人類社會論之，洞察任何一個族群之歷史發展過程，除了天災以外，任何社會之穩定進步或動盪退步，可謂與其族群社會文化之厚薄攸關密切，而社會文化之厚薄又與其民心之良窳息息相關。而社會文化內在底蘊之外在顯現，即所謂的「民風」。環顧當前台灣近一、二十年來之社會民風，掀開每天平面與立體媒體觀之，常令人有純樸民風不再、理性相當墜落、道德相當沉淪之感，也時聞毒品交易橫行、色情網站氾濫、詐騙集團猖獗、官商勾結嚴重、有時政治凌駕法律與專業、有些改革充滿爭議、有些掌權者顢頇硬拗、有些政治人物剛愎自用、……等社會亂象太多。

然而，事實上，「五常」中的「信」相關之誠信等倫理價值，可謂是社會穩定進步的基礎，不僅如同前述是個體存在價值的根本、家庭幸福和樂的泉源、學校願景實現的金鑰，也是社會穩定進步的基礎。眾多類型的社會組織中，若以企業經營為例，相當明顯者是一些擁有鉅資營業額，可謂成功的企業，由其主要開創者本身或其所建立企業的經營核心價值，可發現共同的特點就是皆極為重視與「信」相關之倫理價值。由以下觀之，似可驗證「誠信」是成功企業累積財富不可或缺的一股力量；相對地，如果某企業家本身或某企業背棄了「信」相關之倫理價值，冀期發展成為成功的企業，似乎也很難，甚至不可能（姜得勝，2010），諸如：

（一）科技業大龍頭台積電—主要開創者張忠謀董事長

台積電「經營理念」第一條即明指：「堅持高度職業道德」—這個理念代表公司的品格，是我們最基本也是最重要的理念，也是執行業務時必須遵守的法則。所謂高度職業道德是：

1. 我們說真話，我們不誇張、不作秀。
2. 對客戶，我們不輕易承諾，一旦做出承諾，必定不計代價，全力以赴。
3. 對同業，我們在合法範圍內全力競爭，但絕不惡意中傷；同時，我們也尊重同業的智慧財產權。
4. 對供應商，我們以客觀、清廉、公正的態度進行挑選及合作。
5. 在公司內部，我們絕不容許貪污；不容許在公司內有派系或小圈圈產生；也不容許「公司政治」（Company Politics）的形成。
6. 至於我們用人的首要條件是品格與才能，絕不是「關係」。

（二）食品業大龍頭統一企業—主要開創者高清愿董事長

統一企業第一代即奠定「三好一公道」基本經營哲學—「三好」即「品質好、信用好、服務好」，後來高清愿董事長體悟面對高度競爭的社會，要賺錢還要加上「通路好」；「一公道」即「價錢公道」。

（三）台塑集團—主要開創者王永慶董事長

「鴻海集團」大企業家郭台銘董事長，曾帶著其兒子郭守正去拜訪王永慶董事長以學習請益，王董事長送給其兒子兩個字：「信用」，意涵「紮紮實實做事，講得出來就要做到，不要好逸惡勞，才能學到更多東西」，足見「信用」於王董事長經營哲學中的重大價值。

（四）鴻海集團—主要開創者郭台銘董事長

郭台銘董事長曾於接受新聞媒體訪問時指出，其「用人」主要考慮三原則：第一要有品德、第二要有責任、第三要有意願工作，而與「信」相關之倫理價值與「有品德」、「有責任」相關密切，自是其用人哲學之主要考量，也是郭董事長個人與其企業成功關鍵因素之一。

（五）宏碁電腦—主要開創者施振榮董事長

施董事長出身貧寒，3 歲喪父，其母親在鹿港街上賣鴨蛋，獨立扶養他長大，投資企業經營且隨年紀漸增後，施董事長深知「企業文化」與企業發展成敗攸關密切；同時體悟，有些基本核心價值是長遠不能變的，有些則需隨時空變遷而改變；「公司治理」之根本即在於「治理文化」，而組織之文化，其認為最重要者是：「誠信」、「公平」、「透明」與「責任」。施董事長曾自認其母親對其影響很大，因此，雖施董事長母親做生意的規模與其宏碁電腦有如天壤之差，但其母親從小教導他做生意要「講求信用」，不能偷斤減兩，此商場經營核心哲學，卻是共通的，對施董事長日後企業經營具有重大影響；由此可見宏碁電腦品牌之建立，與其公司蘊含「誠信」核心價值的經營哲學相關密切。

（六）長榮集團—主要開創者張榮發總裁

長榮集團張榮發總裁之所以能成為橫跨海、陸、空的商業鉅子，其成就並非「僥倖」（運氣）得來的，其背後有許多不為人知的辛酸血淚，尤其與其個人人生價值觀關係密切；正如在其「回憶錄」中所述，他一貫堅持做事講求「實實在在」、「認真踏實」為最重要的原則；而做事講求「實實在在」、「認真踏實」，亦即是「誠信」價值的具體行為展現。

五、國家對內政策實踐與對外生存競爭的軟實力

國家之存在有其基本責任，施建生於探究亞當・史密斯 (Adam Smith) 名著《國富論》（The

Wealth of Nations）後，指出政府的主要職責有三：一為保護自己的社會不受其他社會之暴力迫害與侵犯；二為儘可能保護自己社會中每個份子都不受任何其他份子的無理干擾或壓迫，亦即需建立一個嚴正合理的司法行政體制；三為要建立並維護某些公共設施與某些公共機構以利國家之永續發展。具體言之，政府的主要職責需建立足以保護自己國家之國防以求對外正當防衛、嚴正合理的司法行政相關體制以求對內秩序穩定、創置合理社會所需的公共設施與機構以謀社會大眾之福祉（施建生，2009a, 2009b）。

簡言之，消極上，政府對所轄屬領域肩負有對外安全保衛與對內秩序維持之責任；積極上，政府背負有對外開拓國際關係與對內促進其社會進步、開創其百姓最大福祉之責任，而冀期該目標之實現，極為重要者在於擬定合理政策，並進而執行、考核與檢討，其中最重要者在於「擬政策與其決策」，「擬政策與其決策」可謂是政府總體效能成敗之核心，而「擬政策與其決策」品質的好壞與執行績效的優劣，反映了政府的效能、向心力和競爭力。

近十幾年來，由於政府一些政策、甚至許多政策頗具爭議性，諸如：稅制不公、空污嚴重、失業率攀升、兩岸關係冰冷、老人長照不周延、廣設大學衍生的無奈、勞工休假制度爭議反覆、租屋價格居高不合常理、年金改革的嚴重爭議、房屋價格炒作居高不下、農業土地非農用爭議反覆、……等，日積月累導致政府與社會大眾彼此間之「信任感」，相當、甚至嚴重不足。

人民對政府的信任度不足，由2020年初，台灣因新型冠狀病毒肺炎疫情影響，衍生許多社會亂象，可見一斑：回顧2020年2月上旬，雖政府主政者對外宣稱口罩一定夠，不用恐慌，但仍然造成搶購潮，引發「口罩之亂」。隨後更由於網路假訊息傳播因為衛生紙的原物料都挪去做口罩，故衛生紙即將缺貨，雖同樣政府主政者對外喊話，甚至連國家元首蔡英文總統都親自出來關切，公開澄清：「我要再講一遍，衛生紙和口罩原料不一樣，衛生紙原料是紙漿，我們口罩原料是不織布，原料供給都沒有問題，也不會發生短缺的現象，國人無須恐慌衛生紙的問題」（李容萍，2020）；但依舊造成社會大眾搶購風潮，引發社會大眾恐慌，造成「衛生紙之亂」。另外，因應新型冠狀病毒肺炎疫情延燒，有關陸配子女入境問題，竟然發生陸委會與「中央流行疫情指揮中心」等彼此間不同調的現象（楊雅棠，2020）。

諸如當前我國此類前述亂象，散播假訊息者，理當受到應有道德（良知）指責與法律制裁；一些、甚至許多社會大眾，對相關資訊之正確認知不足，導致錯誤判斷，也需反省檢討；但政府主政者，一些、甚至許多政策不周延就對外發布，同時政府對於假消息的澄清稍嫌太慢。尤其，如果連國家元首公開呼籲後，依然無法讓社會大眾完全相信，可能我們政府的執政高層也需深度思考，正本清源，反省問題之關鍵點，始為未來施政之正道矣，畢竟「冰凍三尺，非一日之寒」；同理，要恢復社會大眾對政府之信心，「羅馬也非一日造成的」！

然而，政府誠信之重要性，由古代「徙木為信（徙木立信）」的故事可見一斑。回顧春秋戰國時代秦孝公大臣商鞅（西元前約 390 ~ 前 338），姓公孫，名鞅，戰國時衛人。年少時對刑名法術之學頗具興趣，初為魏國大臣公叔痤家臣，後入秦為相，說服秦孝公推行新法，秦富國強兵後，受封於商，遂亦稱為商鞅；而商鞅執政期間，許多變革為求施政順暢與高度績效，用法嚴苛，也隨之樹敵眾多，孝公卒，遂被車裂而死（中華民國教育部，2015k）。

商鞅有些施政改革過度嚴苛，雖不足取且頗值為後人借鏡，但其為建立威信所為之「徙木為信（徙木立信）」的故事，卻為後人讚賞。於漢朝司馬遷《史記．商君列傳》明載：「令既具，未布，恐民之不信己，乃立三丈之木於國都市南門，募民有能徙置北門者，予十金。民怪之，莫敢徙。復曰：『能徙者予五十金。』有一人徙之，輒予五十金，以明不欺，卒下令。」（向光忠、李行健、劉松筠，2001，頁 800）。其白話文要旨為商鞅想要實施富國強兵重大改革，然唯恐百姓對其政策質疑，「雖法令已經備妥，但不敢公布，因商鞅擔心百姓不信任自己。因此，在其國都市場南門樹立一根三丈長的木桿，鼓勵百姓有能夠搬到北門者，就賞給十鎰（或謂兩）黃金。雖百姓對此感到奇異，但沒有人敢去搬那木桿。商鞅就又宣布命令說：『有能夠搬過去的就賞給五十鎰（或謂兩）黃金。』後來，有一個人真得將木桿搬到北門，立即賞給他五十鎰（或謂兩）黃金，以展現其沒有欺詐，建立其命令之威信，最後再頒布新的改革法令。」此故事迄今仍為後人津津樂道，足見政府施政過程，「誠信」之重要性。

不僅商鞅認為「誠信」對國家治理攸關重要，事實上，比其更早的孔子早就深悟其道理，正如於《論語・顏淵篇》中—子貢問政。子曰：「足食，足兵，民信之矣。」子貢曰：「必不得已而去，於斯三者何先？」曰：「去兵。」子貢曰：「必不得已而去，於斯二者何先？」曰：「去食。自古皆有死，民無信不立」（陳基政，1982，頁202）。其白話文意旨為子貢向孔子請教如何治理好國家，孔子回答說：「要治理好國家必須具備足食、足兵、取信於民此三項」，也就是說要有充足的糧食，要有堅實的國防軍隊武器，要能取信於民。子貢接著問：「如果很不得已情況必須放棄一項，那麼應先放棄哪一項呢？」孔子說：「放棄堅實的國防軍隊武器（軍隊少一點與武器差一點沒關係）」。子貢又問：「如果剩下另兩項，很不得已情況必須再放棄一項，那麼哪一項要先放棄呢？」孔子說：「放棄充足的糧食（吃差一點沒關係）。因自古以來每個人皆會死，但如果失信於民，政府便無法建立了。」足見於孔子看來，在國家治理中最重要者是取信於民，其次是充足的糧食，再其次才是堅實的國防軍隊武器。孔子所言實有其深層哲理，足堪為後人省思矣！

古訓：「國者，人之積也；人者，心之器也。國家之治亂，繫乎社會之隆污；社會之隆污，繫乎人心之振靡」，而「人心」素質之良窳與個人「品德」素養攸關密切，而「仁、義、禮、智、信」此「五常」可謂是個人「品德」之核心，尤其與「信」相關之誠信等價值，可謂又是「五常」

之核心。

伍、人為何會「不守信」呢？

在古時候由於教育不普及與書寫不方便等因素，古人常以某個「信物」做為遵守「承諾」之憑據，似可略窺古人因應當時社會環境為實踐「承諾」之智慧。雖古人崇尚「一諾千金」、「一言九鼎」、「一言既出，駟馬難追」，但也有所謂「信口開河」、「信口雌黃」、「背信忘義」之「不守信」者，足見「不守信」的社會問題，自古以來即存在著，至於人為何會「不守信」（毀約）呢?究其主要原因如下：

一、個人因素

正常成熟的個體，有些人會合理性地堅守對自我的承諾，追求與展現合理性的七情六慾行為，乃屬一般正常人性之反應，有時也是個體自我實現、家庭和樂、社會進步與國家政策實踐的原動力，於現實正常社會中也屬常見；但也有些人由於七情六慾不合理（違背道德（良知）、法令規章、善良風俗習慣、正當輿論與正派宗教信仰）的追求與展現，導致違背「誠信」，於現實社會的案例也不少；另外，有些特殊情況雖也會導致當事人「不守信行為」，但主客觀特殊因素卻往往不能予以苛責當事人，而需予以尊重、同情與祝福者，於現實社會中也偶有所聞（詳見後述）。

二、家庭因素

當前我國（指台澎金馬）的離婚率很高，根據內政部戶政司2020年3月10日公佈之統計資料，得知2019年我國的離婚人口數創新高，「不同性別者」高達1,808,264人、「同性別者」也高達192人（2019年起與不同性別者分開統計）；相較於政府開始重視官方統計資料的1976年離婚人口數只有97,796人，足見這四十幾年來社會變遷對我國家庭之嚴重衝擊（內政部，2020）。離婚的原因有很多，諸如當前台灣有些人的愛情價值觀似稍嫌過度多元混淆、甚至混亂，具體言之，有些人過度性開放、性隨便，有些人甚至亂搞性遊戲，復加一些惡意或心懷不軌以騙色詐財或沒能力經營婚姻等不良原因而離婚者，如有兒女，可謂在其兒女面前做了「毀約」之很不好的「示範」，甚至也相當有可能導致其子女會複製其父母的破碎婚姻，造成惡性循環。一般而言，離婚人口數攀升，對個人、家庭、學校、社會、國家等皆是一個很「不吉祥」的徵兆。

不過，雖然破碎與不愉快的離婚家庭，可能較容易造成其子女對婚姻缺乏安全感或對異性較不信任；但這不完全意味著沒有離婚的家庭，其子女就對婚姻一定較有安全感或對異性就一定較信任；也不完全意味著破碎與不愉快離婚的家庭，其子女對任何人或事就比較會毀約或不守信用或不值得信任；因個體對婚姻的安全感與否或對異性是否信任，或對婚姻以外的人與事毀約或不守信用或不值得信任，其相關之變項很多，尚待進一步深入研究。

然而，有一點似較可確定者是—於健全婚姻家庭環境長大的小孩，其身心靈較健全，因他們從其父母學到互信，也較重視倫理道德，隨之也往往較會守信用，而個人的心靈、思想與行為受其原生家庭等週遭環境的影響很大，似難以否認的。尤其，根據作者多年協助某縣（市）政府教育處「國民中小學正向管教範例徵選比賽」之評審，發現案例中之破碎與不愉快的離婚家庭環境長大的單親小孩，除了可能對異性的信任感較薄弱外，也可能連帶影響其對其他的人與事不守信或較常表現出偏差行為。鑑此，破碎與不愉快的離婚家庭環境長大的單親小孩，在某種程度上，雖可能較容易產生偏差行為，但不是每個單親小孩皆會如此，更不宜對其貼上必然會產生偏差行為之標籤。

三、學校因素

當前我國自約90學年度起，學校正式推動「九年一貫教改」，以迄今（108學年度）「十二年國教改革」之實施，似仍一直輕忽「道德教育」（品德教育）正式課程之「教」與「學」。尤其，將「道德教育」（品德教育）從國民中小學正式課程領域中予以刪除，「誠信問題」的社會荒謬亂象，更是雪上加霜。

中華文化博大精深，如同「五常」一樣重要的社會倫理價值─「四維」，可謂為推動「九年一貫課程」前，昔日很多青壯以上世代所耳熟能詳者，其重要性正如古賢管仲所言：「國有四維，…一曰禮，二曰義，三曰廉，四曰恥」；「四維不張，國乃滅亡」（湯孝純，1995）；復加中華固有優質文化「八德」：「忠、孝、仁、愛、信、義、和、平」，統合成「四維八德」可謂含括了人類日常生活主要為人處世、待人接物之基本準則，也是我國「九年一貫教改」前許多青壯以上世代「為人處世」之核心素養。惟據相關領域學者於2016年研究發現，於隨機取樣六所高中職共154班中，總共抽樣6244份，無效樣本578份，有效樣本5666份，進行初步統計，發現受測學生之整體表現極為不佳，於5666份有效樣本中，有2609人(46.05%)不知道「四維」的名稱是指「禮、義、廉、恥」，而其核心意涵則高達5040人(88.95%)不知道；至於有關「八德」的名稱，亦有3067人(54.13%)不知其包括「忠、孝、仁、愛、信、義、和、平」，而其核心意涵更高達5322人(93.93%)不知其意義；簡言之，於該研究有效樣本中，有約五成學生不知道「四維」、「八德」所指名稱，有約九成學生不知道「四維」、「八德」之核心意旨，整體受測樣本之道德認知素養可謂極為低落；一葉知秋，足見當前台灣學校「道德認知教育」之嚴重危機矣（姜得勝 2016，頁 36－38）。

雖「知」不一定「行」，但「知」有助於「行」，「不知」則易流於「盲行」、「愚行」與「亂行」，似無人會否定，否則就毋須「學校教育」了；鑑此，中小學倫理道德教育，不僅有其需要性，更有其必要性，只是其「教育的目標」、「課程的內容」、「教與學的方法」、「評量的方式」必須針對社會實況進行合理因應。

四、社會因素

人類個體許多不良行為，包括「不守信」（毀約）的行為，可謂皆是根源於家庭，惡化於學校，顯現於社會。正如前述，2019 年我國的離婚人口數創新高，「不同性別者」高達 1,808,264 人、「同性別者」也高達 192 人。身為父母者，除非沒有子女，否則，無論任何理由的離婚，其所造成不完整的或有裂縫的或破碎的家庭，很少是愉快的，也很難以避免地會對其子女烙下難以抹滅的心靈傷痕與陰影。待其子女到學校後，相對地見到別的大多數同學是有父有母的，隨著年紀之增長與經驗之累積，其內心感受、甚至傷痕酸楚往往可能會更加劇，除非單親父或母對其子女做了很適當的輔導，或借助外力協助以輔導其子女，或其子女自我調適良好；否則，相當容易造成其子女身心靈之不平衡，也相當容易造成其子女產生許多偏差行為，自然也包括「不守信」（毀約）的行為。

當前台灣社會詐騙集團很猖獗，再加上一些握有權柄之公眾人物（尤其政治人物）與擁有話語權之媒體人，時常信口開河、胡言亂語、捕風捉影、隨意爆料、輕諾寡信、亂開支票、硬拗扭曲事實、甚至散播假消息，復加平面與立體媒體，有意無意誇大喧染、推波助瀾，益使社會「不守信」，甚至「詐騙」風氣更加嚴重，前述此類人將「不守信」、「詐騙」之偏差行為，習以為常；如此棄「誠信」優質倫理價值如敝屣，更助長社會歪風矣。

五、國家因素

近幾年來，台灣社會「誠信沉淪」亂象，除了前述個人、家庭、學校、社會等因素交互作用外，國內有些握有大權者推動政策時，好像對「誠信原則」不（很）在乎，似乎只關注於「權力」、「利益」、「職位」等，日積月累，已敗壞的社會民風所形成的國家文化，自然而然地日漸病入膏肓矣！尤其，政府輕忽合理法令穩定性對國家社會之重大意義，有些政策朝令夕改、有些政策不周延、有些政策與公投民意背道而馳等亂象，致使引發許多民怨、甚至嚴重抗議，例如本文完稿前幾年之「軍公教年金改革」即是有嚴重違背法律誠信基本原則之嫌，以致於政府於改革定案後，迄今仍有許多人怨懟與不滿。政府官員領導階層是握有權力者，也是百姓之典範，如果輕忽「誠信」之重大價值，上行下效，很容易導致許多天下蒼生不僅對政府失去信心，有些人極可能同時也模仿學習不重視「誠信之重大價值」，假以時日，國家恐將淪為「騙來騙去」的煉獄，這對整體國家當前與未來發展，乃是一個極為嚴重的危機。

陸、「不能苛責的不守信」之辯證

當前人類社會現象很複雜，有些人「惡意毀約」，其意即個人或團體主觀蓄意惡性破壞原有彼此約定而傷害對方或引發困擾，此類情況，有些僅是違背道德良知，如有位何姓男網友說蔡英文2020年1月11日總統選舉如獲得超過800萬票，就請全台灣每人吃一份雞排，結果蔡英文得票超過800萬票；然而該男子卻未兌現承諾，而在1月21日只發放600份之開玩笑或吹牛式的承諾，引發熱議（林保宏，2020）；另有些社會現象不僅違背道德良知，也可能違法（如有人犯背信罪）。

綜觀整個人類社會極為複雜，「惡意毀約」固然不足取；但常見社會許多特殊現象，實也告知我們——「守信」也是有條件的、有前提的，不能盲目的、愚蠢的。複雜社會中有些特殊行為現象，卻常可能發生「正當性地毀約」與「無奈無法守信」之選擇，以法理情兼顧地求生存，凡此皆屬「不能苛責的不守信」，茲分別進一步論述如下。

一、正當性地毀約

常見社會上有些人非因天災、人禍等因素，而是由於法律知識不足，於口頭約定或書面簽約後，發現彼此所約定者是「不合法的」；尤其，根據民國108年6月19日修正通過之「民法」第72條規定：「法律行為，有背於公共秩序或善良風俗者，無效。」因此，被設計陷害的一方，遭逢此種情況，一般處理原則，就需展現正當的動機，斷然理性地選擇「正當性的毀約」，再視情況依法處理；諸如：社會常見房客租屋時，有些惡房東有意、無意地明列或暗藏「不合法租屋條款」的規定，詐騙欠缺社會經驗的學生。

二、無奈無法守信

如果彼此所約定者，因天災、人禍等因素，導致無法兌現承諾，即個人或團體非主觀蓄意惡性破壞原有彼此約定而傷害對方，如以「個人」為例，這種現象主要有兩種情境。

第一種情境是未違背道德良知且合乎法律規範者，例如某個年紀20歲的女孩子結婚不到一個月，其先生即因故去世，該女孩可選擇終身不再婚，也可能選擇再婚，惟如選擇再婚，則需經法定程序以妥善處理，始得為之；兩種不同選擇，於當前社會價值標準，局外人似無可置喙者，只是抉擇不同罷了，社會皆需予以尊重。

第二種情境是難以用道德規範論之或無關道德規範者，但屬合法的，這種情況，有的當事者可能堅持選擇「既有承諾」，有的當事者可能無奈地選擇「無法守信」；但後者這種情況之「無法守信」，是屬於「無奈無法守信」，實是「不能苛責的」，甚至是難以用道德規範論之或無關道德者。兩種不同選擇，於當前社會價值標準，很難論其是非對錯，甚至沒有必要去論其是非對錯，只是抉擇不同罷了，社會皆需予以尊重，舉例如下：

根據2005年9月9日華視新聞（詹季燁、張春峰、許文男，2005）即時報導指出：戰車連連長孫先生（基於個資隱私權，以先生取代真名）遭到戰車輾斃，與他相戀十二年的未婚妻李小姐（基於個資隱私權，以小姐取代真名），一直苦苦哀求，希望能夠取出未婚夫的精子，替他傳宗接代，不過礙於法令一波三折，也讓未婚妻李小姐哭斷腸。衛生署本來說可以取精，表示取精生子根本不違法，還有醫師跳出來，願意幫助她；相隔幾個小時後，衛生署改口說不行，讓外界批評聲不斷；後來又隔幾個小時，衛生署態度再行大逆轉，終於同意醫院開刀。國軍醫院泌尿科醫師連夜開刀取出上尉孫先生的精液，李小姐感動的直說感謝。

然而，後來又根據2005年12月19日華視新聞（賴佩真、郭繼宗，2005）指出：雖李小姐盼留後，但孫家決定毀精。因此，依2005年12月21日「大紀元時報」根據「中央社」記者郭芷瑄報導：「殉職戰車連長孫先生的家人明天就要銷毀孫先生冷凍的精子，未婚妻李小姐今天不再對此事做任何的回應。她說，該說的昨天的聲明都說了，未來她有自己的路要走。……，自己的生活要過，有自己的計畫」(郭芷瑄，2005)。進而據「自由時報」2005年12月23日報導：「殉職上尉連長孫先生的精子昨天在律師黃秀蘭見證下，全部銷毀，孫的二哥及大姐將十四管已經銷毀的精子連同試管等物一起帶回，讓孫父見最後一眼後火化。而昨天下午一時左右，李小姐低調現身安放孫先生骨灰的初鹿朝安堂，簡單祭拜後離去」(徐夏蓮、王秀亭，2005)。

簡言之，李小姐對其未婚夫孫先生的承諾，由於純屬意外事件，很無奈無法兌現諾言；未來李小姐可能選擇終身未嫁，也可能選擇另結其他良緣；如果選擇另結其他良緣，不僅合法，外人實也毋須以道德規範評論之，反而應該給予深深地祝福，畢竟那是一般凡人正常的、合理的人性行為展現。

柒、當前社會「守信」與「不守信」的實例

一、較守信用的案例

（一）雲林縣阿伯賣碗粿賠本送蘿蔔糕只為守信用

根據中時新聞網2020年11月5日報導，雲林縣有位阿伯賣碗粿賠本送蘿蔔糕，只為教女兒守信用，詳細新聞（含圖）如下（蘇育宣，2020）：

雲林縣一位小五的女童跟著其父親林爸爸經常在新竹、彰化、雲林一帶一起推著攤車賣碗粿，日前卻突然在臉書公布重大消息「買碗粿就送蘿蔔糕」，吸引許多顧客搶訂。但其實這項優惠是女兒失誤打錯的消息，林爸爸為了教導她「誠信」的重要，便帶著她走訪各地實現諾言，以身作則的教育被網友讚爆。

林爸爸來自雲林，繼承岳母的手藝，習作碗粿，他總是在週末時，帶著小學五年級的女兒推著一台小餐車走訪雲林、新竹一帶，倚靠賣出一碗碗用料實在的手作碗粿，撐起林家的生計。

雲林一位林爸爸帶著小學五年級的女兒走訪各地賣碗粿。（圖／翻攝臉書社團《陳媽媽碗粿》）

2020年七月間，小學五年級的女兒失誤，把「買10個碗粿就送1條蘿蔔糕」，打成「買一個碗粿即送一條蘿蔔糕」，而一個碗粿僅30元，一條蘿蔔糕則100元，買小送大實屬虧本，但PO上網的訊息覆水難收，林爸爸為了教導女兒「誠信」的重要，便咬緊牙關，決定履行這個虧本的承諾。雖然虧本，林爸爸卻也不難過，反而覺得能藉此機會教育，將「誠信」的觀念深植女兒心中，才是最重要的事。

（二）很守信的尋常百姓分享鉅額（2200萬美元，約新台幣6.6億元）彩金

根據2020年7月25日三立新聞網報導—「翁買樂透中6.6億，與友均分原因曝」，據該報導得知美國有一名男子極為守信的範例，詳細新聞（含圖）如下（許珮絨，2020）：

美國有一名男子在近日贏得彩券頭獎2200萬美元（約新台幣6.6億元），而他沒有忘記28年前與朋友的約定，真的遵守諾言將獎金分一半給朋友。

▲庫克（左2）中獎後守約與朋友費尼（右2）平分獎金。（圖／翻攝自Wisconsin Lottery臉書）

綜合外媒報導，威斯康辛州一名男子庫克（Thomas Cook）在28年前曾與一同釣魚而結識的朋友費尼（Joseph Feeney）約定，若哪天誰中了樂透，就要將獎金與對方平分。兩人雖然都有固定買

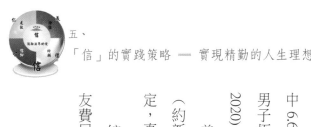

彩券的習慣，但這幾十年來都沒有被財神眷顧；不過好運就在近日發生，庫克日前一如往常地買了彩券，沒想到竟一舉成為頭獎得主。

庫克得知自己中獎之後，馬上辭去工作，並興奮地打電話跟費尼分享這個好消息。彩券公司表示，男子決定將獎金一次提領，扣掉應負稅額後，均分下來一人可實得570萬美元（約新台幣1.7億元）。庫克與費尼表示，接下來要利用這筆得來不易的獎金好好過退休的生活，並計畫要帶著各自的妻子一起環遊世界。

（三）較守信的政治人物王世堅

常受媒體青睞的政治人物王世堅，他能擔任民意代表如此多年，似乎與其重誠信有某種程度之相關；雖其所有行為不是每個人皆欣賞，但相較於其他會說謊的政治人物，至少到作者截稿前為止，他對於以下的政治承諾，可謂是滿守信用的，實是值得肯定，茲列舉相關實例說明如下：

（在 Youtube 輸入「王世堅逢賭必輸」以看相關影片）

■舉例一：「逢賭必輸」拚跳海綠委酸：王世堅豬隊友！

影片播放時間：2018 年 10 月 18 日

在 Youtube 網址：https：//www.youtube.com/watch？v=5OO9cYvCCyI

■舉例二：〝逢賭必輸〞王世堅 節目賭輸發千份雞排

影片播放時間：2019年4月2日

在Youtube網址：https：//www.youtube.com/watch？v=AkeVq6LddfQ

■舉例三：小英當選跳海慶祝？王世堅：絕對一諾千金

影片播放時間：2020年1月14日

在Youtube網址：https：//www.youtube.com/watch？v=f589RR7DMrc

（四）較守信的企業

有些企業有時出差錯，但為了品牌信用與公司長遠利益，勇於負責，諸如下列實例：

■舉例一：日本團費少標一個0雄獅認賠

根據2011年10月1日民視新聞報導（民視新聞，2011）：雄獅旅行社發生網路標錯團費的事件，4天日本立山黑部的行程，原本要價24900元，卻少標了一個0，變成2490元，9月29日深夜才公告在網路上半小時，24個名額就被搶訂一空，旅行社最後決定，自行吸收損失，讓這24人按照得標價格，花不到3000元就能到日本玩個夠。

白雪皚皚連綿山峰，日本立山黑部被譽為日本的阿爾卑斯山，向來都是熱門的觀光景點，旅客還能利用纜車等6種交通工具，來體會立山黑部的美，9月29日深夜11點半，雄獅網路線控的中階主管把4天行程po上網，但團費24900元卻少打了一個0，不到半小時就被24名網友下標成功，雄獅7個小時後才發現。

為了品牌信用，儘管虧大了，雄獅只好摸摸鼻子，自行吸收損失，幸運團員賺到了，但出包的中階主管恐怕要倒大楣，該旅行社已經表示，（可能）將對他做出懲處。

■ 舉例二：安全氣囊瑕疵豐田本田共召回 610 萬輛汽車

根據 2020 年 1 月 22 日聯合新聞網引自中央社／華盛頓前一天綜合外電報導（聯合新聞網，2020）：日本豐田汽車今天表示，由於電控系統瑕疵，導致安全氣囊在發生車禍時不會充氣，將在全球召回 340 萬輛汽車。另外，本田也宣布因安全氣囊瑕疵，將在北美召回 270 萬輛汽車以檢修。

■ 舉例三：3 個月內召回 2 次！賓士 C-Class 轉向故障，可能導致意外

根據 2019 年 11 月 21 日自由時報報導（陳英傑，2019）：台灣賓士的主力銷售車款，代號 W205 的現行款 C-Class，近來頻頻召回。因為方向機瑕疵導致轉向故障，極有可能發生意外，C-Class 旗下所有的車型都受到影響，包括 AMG、Coupe、旅行車等，距離上一次 8 月時的召回，僅 3 個月。

在部分後輪驅動款的 C-Class 車輛上，方向主機上的一個鎖定螺母，可能因轉向時暴露於極高的側向力下而破裂。轉向齒條內的旋轉部件可能因接觸殼體，造成轉向受阻。這種情況下，無法排除機械故障時，使得轉向困難，並造成行車危險，故召回檢修。

二、信用有問題的案例

信用有問題且傷害人的案例不僅發生於台灣，可謂世界各國都曾發生過，惟因限於篇幅，作者將焦點著重於與台灣關係較密切的案例。

2019年電視新聞曾報導有人訂了320個便當，將近五萬元，當店家送便當到指定地點時，卻發現被騙了（李建瑩、謝宜倫，2019）；事實上，不僅便當店曾偶發生被詐騙的實例，平面與網路媒體新聞也曾報導飲料店、雞排店，也偶有類似案例發生，足見當前我國有些人、甚至很多人，似乎對「守信」有點「不在乎」！這對我國是一個社會生存發展的重大危機！事實上，不僅最近這幾年，其實長年以來，就一直發生許多信用有爭議的案例，而與台灣關係密切且較受媒體關注，又國人較熟悉者，諸如：

（一）三鹿牌「毒奶粉事件」

據媒體報導（間接引自姜得勝，2010），2008年曾驚動台灣社會的中國大陸河北省石家莊三鹿牌「毒奶粉事件」，其奶粉成份含雜之「三聚氰胺」，原為塑化原料，卻被不肖廠商挪作增加蛋白質檢驗含量之用。由於食品工業常需測量食品中蛋白質含量，唯直接測量蛋白質技術較複雜，故常用「凱氏定氮法」，經由測量氮原子含量以間接推算食品中蛋白質含量，而緣於「三聚氰胺」比「蛋白質」含有更多的氮原子，故常被不肖商人用來造假。於2007年美國食品暨藥物管理局

（FDA）即發現有些貓、狗因食用大陸的寵物飼料而意外死亡，「禍首」即為「三聚氰胺」。因「三聚氰胺」會破壞腎小管，使腎小管排鈣量增加，進而造成腎及泌尿道出現結石，如果嬰兒食用，很可能會惡化成腎衰竭、甚至死亡。而該奶粉製造商「三鹿集團」已被中共有關部門凍結近八億人民幣的資金，由於此「毒奶粉事件」的最後賠償金額極為龐大，終導致三鹿集團財務危機、甚至破產，波及三鹿集團所屬相關企業至少近萬名員工的生計，問題可謂極為嚴重。

（二）黑心的「日常生活用品」案例

據媒體報導（間接引自姜得勝，2010），女性同胞愛用的化妝品有的含有違禁物鉻與釹、睫毛膏含菌量嚴重超過標準，凡此皆會傷害身體；而蠶絲被因具有吸濕、透氣等功能，故價格雖不便宜，卻仍深受消費者喜愛，但許多蠶絲被的成份標示都不實在。另外，也曾檢驗發現拋棄式免洗內褲、濕紙巾含有螢光劑，部分免洗筷含有鉛或二氧化硫或防腐劑聯苯，這些對人體皆會造成嚴重傷害。

（三）黑心的「旅遊業者」案例

據媒體報導（間接引自姜得勝，2010），有些不良旅遊業者，咬住「外來旅客」對旅遊環境較陌生的「弱點」，隨意變更行程、哄抬物價、敲詐遊客等亂象。諸如：台灣的阿里山與日月潭可謂是外國觀光客，尤其是中國大陸與日本旅行團之最愛，然而，有的不肖廠商以每台斤幾百元，自越南進口劣質茶，混裝阿里山茶後，標價每台斤幾千至近萬元，甚至有的還冒稱是冠軍茶，每台斤最高賣到幾萬元，有些人都遭詐騙了。

（四）其他案例

掀開每天報章媒體雜誌與其他平面、網路新聞可得知，信用有問題且傷害人之各行各業、各形各色者，諸如假新聞、愛情騙子、騙色詐財、偷斤減兩、黑心油事件、商品標示不實、臉書假消息、……等，可從網路搜尋很多，因慮及當前台灣社會價值觀過度多元、甚至錯亂，避免引發困擾與傷害，且囿限於篇幅，爰未予詳列。

捌、提升國人「誠信素養」之實踐策略

適如前述，合理性地堅守「誠信」是個體存在價值的根本、家庭幸福和樂的泉源、學校願景實現的金鑰、社會穩定進步的基礎、國家政策實踐的動力，亦即是「人類社會幸福之基石」，足見其重大價值；然而，人類是不完美的動物，由於有些人不合理的七情六慾行為、創傷家庭攀升不下、學校輕忽「道德教育」（品格教育）、社會誑言詐騙歪風盛行，尤其政府一些掌權者棄「誠

信美德」如敝屣，上行下效，導致當前台澎金馬整個大社會，個人與個人之間，個人與政府之間，彼此的「信任感」似顯日漸薄弱、脆弱，甚至產生根本性的排斥與懷疑。

質言之，在當前國內許多人價值觀有些、甚至相當錯亂的氛圍裡，尤其，對國家有些政策之「誠信」相關重大價值頗失望，冀期撥亂反正、力挽狂瀾，短期內，似屬不易，亟需個人、家庭、學校、社會、國家等全方位統整配合，始得竟其功。但儘管如此低迷氛圍，吾輩仍可從下列幾個面向來努力，儘量提升、甚至恢復昔日言必有據、一諾千金、一言九鼎、「一言既出，駟馬難追」之優質民風，茲分別說明如下：

一、個人層面

一個人活在「呼」與「吸」之間，「天」與「地」之中，自出生到死亡的旅途，或長達百年，或短為幾分鐘，每個人的一生旅途際遇，會遇到甚麼樣的人、事、物，個體有些無法事先選擇，有些可事先選擇。面對當前人類益趨多元複雜與推陳出新的高科技社會，人類亟需重建「人之所以為人」之核心價值，而本文主要論述之「誠信」，即是人類核心價值之一；然而，「誠信」之實踐過程，由於每個人七情六慾之修為不同與社會情境極為複雜，個體如何提升「誠信素養」，以下幾點是可以努力之方向：

（一）個人觀念要正確：

「觀念」決定一個人的行動、「態度」決定一個人的高度、「思路」決定一個人的出路、「性格」決定一個人的命格，因此，個人的倫理道德觀念要正確很重要，而「觀念正確」與否之論斷依據，主要根據在於法律與道德（良心）。

（二）個人平常要謹言慎行：

不亂想、不誑言、不妄行，昔字如金、不要輕諾寡信、不要信口開河。

（三）個人交友要謹慎：

常見宇宙萬物，物以類聚，人類亦然；什麼樣的人，交什麼樣的朋友；什麼樣的人，參加什麼樣的聚會。《論語．季氏篇》，孔子曰：「益者三友，損者三友：友直，友諒，友多聞，益矣；友便辟，友善柔，友便佞，損矣。」亦即結交正直、誠信、見聞廣博者是有益的；相對地，結交善於表面奉承而不真誠、諂媚阿諛而不正直、巧言善辯而沒真才實學者為友是有害的。孔子的思維雖屬舊調，但卻仍充滿智慧，深值後人警惕。

（四）個人每天要反省：

正常情況，每個人每天至少會洗一次澡，以清洗自己「肉體」的污垢；因此，每個人每天至少也需反省一次，以洗滌自己「心靈」的污垢，深刻捫心反省自己的觀念、言行、舉止、態度、交友等是否合乎「法理情」？尤其，是否有違背承諾的言行？避免重蹈覆轍。

（五）個人發生「可苛責自己的不守信」行為：

如果不守信行為具「違法」事實，自然需「依法」處理；如沒「違法」事實，然而具有正當性理由，當勇於道歉與委婉說明，取得「對方」諒解；如沒「違法」事實，但未具有正當性理由，「對方」又不原諒，則「失信者」需承受一切「不良後果」。

（六）個人發生「不能苛責自己的不守信」行為：

如果不守信行為未具「違法」事實，「對方」還活著，可親自與對方溝通清楚，取得「對方」諒解，俾利日後重建信用；萬一「對方」已去世了，則可與「對方」之長輩或其「靈位」溝通清楚，以取得「對方」之諒解。

二、家庭層面

正如前述，雖不是每個單親小孩皆一定對異性或其他人與事不信任，也不宜對其貼上必然會產生偏差行為之標籤，但破碎與不愉快的離婚家庭環境長大的單親小孩，其對與「信」相關或其他倫理道德之學習以及人格的養成，是有負面影響，此為教育實務現場所不能否認的。鑑此，於正常情況下，父母雙方信守婚姻承諾，降低我國的離婚率，減少破碎與不愉快的離婚家庭環境長大的單親小孩，這對我國整體社會誠信風氣與國家誠信文化之提升是具有直接間接、有形無形之助益的。

「家庭」可謂是個體最早的學習場所，而父或母可謂是個體最原初的啟蒙者，足見家庭對任何個體影響之重大，亦即父母言行對其子女行為具有重大之影響，尤其，身教更甚於言教；然而，正如前述，當前我國家庭結構最大的問題在於— 離婚率攀升且居高不下，以 2019 年實況，我國的離婚人口數創新高，「不同性別者」高達 1,808,264 人、「同性別者」也高達 192 人，可謂是重災區。雖離婚的原因有很多，但其中一個重大原因是身為父母的雙方，往往可能有一方對婚姻沒守承諾、甚至欺騙或背叛；而破碎與不愉快的離婚家庭，往往對其子女，尤其幼年子女的內在心靈深處，很容易埋下莫名且難以說出口的痛、苦、怨、恨與陰影；有關如何降低我國的離婚率，減少其子女對婚姻的恐懼、懷疑、排斥、甚至不信任，是當前我國的重大家庭課題。惟離婚有很多的因素糾結在一起，因限於篇幅，暫不論及婆媳等問題，但至少可嘗試從下列幾點來努力：

（一）適婚但尚未婚男女個體當自我成長：

沒有一個人可選擇自己的父母。大部分未婚男女個體邁入青春期以後，逐漸會對異性好奇，進而企求尋找自己喜歡的異性朋友、伴侶，乃屬人性生理與心理自然發展過程；惟因男女單獨交往過程，現實生活情境較片面單純，但於邁向婚姻構築一個新家庭，現實生活情境則相對地較複雜。鑑此，甚麼年紀結婚？婚後工作穩定嗎？婚後基本生活費是否備妥了？婚後住哪裡？諸如此類許多現實生活的問題，即使出生於自己所無法選擇的破碎原生家庭，亦可透由不斷地自我學習、成長、調適，尋找良緣，營造屬於自己的幸福家庭。

（二）已婚男女宜共同營造學習型家庭：

已婚男女需懷「婚前選汝所愛，婚後愛汝所選」之觀念，對於自己的家庭，宜分工合作、同甘共苦，以身作則，不斷一起學習成長，共同建構學習型家庭，營造健全、溫馨、和諧與幸福的家庭氛圍，讓家人一起在信守「愛」的承諾下共同成長。

三、學校層面

「仁、義、禮、智、信」此五項人類重要倫理規範，學校課程仍然是個體正統學習之主要管道。然而，當前學校正式課程中，將「倫理道德」相關課程，與性別平等、人權、環保、海洋、生命、法治、科技、資訊、能源、安全、防災、家庭教育、生涯規劃、多元文化、閱讀素養、戶外教育、國際教育、原住民族教育等採融入各領域以教學，如果各校確實有將前述議題課程融入相關領域，殊屬學生之福。

但據作者長期觀察，前述議題課程融入相關領域之教學，成效令人懷疑，因原本時段之主要相關領域課程內容，常因學生程度參差不齊、學校活動太多等許多主客觀因素，不容易有充分的剩餘時間，再將前述議題課程合理性地融入相關領域；即使有些或很多老師確實有將前述議題課程融入相關領域，事實上，也皆屬片段的、分散的、沒系統性、沒連貫性、沒統整性，這樣的「議題融入式」教學成效，自然令人強烈質疑。

不過，原先政府規劃將前述議題課程融入相關領域教學，有其某些層面之意義，不能完全否定；但既然依政府規定，前述議題採「融入式」教學，在融入過程必會佔用一些時間，成效又令人強烈懷疑，倒不如將前述一些性質有相關的議題課程，統整成一或兩個領域，且從國民中小學階段現有「校訂課程」時間挪出適當節數，因事實上，前述議題之推動也常運用「校訂課程」時間，如此各相關議題課程之「教」與「學」會較具有連貫性、系統性與統整性，教學成效自然較佳；不過，有些老師願意將前述議題課程，花一點時間隨機融入相關領域者，也可同步進行。

換言之，學校當務之急，實應當將與「仁、義、禮、智、信」此「五常」等相關優質倫理道德，與其他幾個性質相近的議題整併為一個領域，列入國民中小學(尤其國小階段)正式課程領域中；總而言之，倫理道德核心價值之形塑，當從小扎根，其成效較佳。如以時段擠不下去，其實那只是政府推托之詞，且是自約民國九十學年度起，因政府無法體悟「倫理道德」是一個國家的「軟實力」罷了。不過，雖將前述一些性質相關的議題課程，統整成一或兩個領域，是可以思考具體實踐的方向，且目前「十二年國教課綱」規定，學校也可自訂「校訂課程」；但考量國民中小學之人力、經費、時間、學術資源與專業等因素，細節似當由教育部相關單位（如「國家教育研究院」）統籌規劃，成效應當更好。

四、社會層面

（一）公眾人物觀念要正確：

觀念決定一個人的行動，因此，握有權柄之政治人物或擁有話語權之媒體人等公眾人物，需深刻體悟名氣、權力、利益之追求等固然重要，但倫理道德價值之維護與提倡也很重要，甚至更重要。故公眾人物之觀念要正確很重要，而觀念正確與否之判斷，主要以道德（良知）與法律為依據。

（二）公眾人物謹言慎行與媒體正負面新聞平衡報導：

公眾人物之言行，要具有誠信且以身作則，因其對一般社會大眾，尤其知識程度較低或判斷力較弱者，會產生重大影響，此為很少人會否認的；惟適如前述，常見時聞當前台灣社會一些握有權柄之公眾人物（尤其政治人物）與擁有話語權之媒體人，時常信口開河、胡言亂語、捕風捉影、隨意爆料、輕諾寡信、亂開支票、硬拗扭曲事實、甚至散播假消息，復加平面與立體媒體，有意無意誇大渲染、推波助瀾，益使社會「不守信」、甚至「詐騙」歪風更加惡化。因此，透過政府修、立法以要求公眾人物、媒體人自律與約束，同時要求媒體對正負面新聞宜平衡報導，尤其，合乎五常等倫理新聞宜多加重視；苟能如此，日積月累，社會「背信」、甚至「詐騙」歪風將可日漸改善。

（三）社會民間團體可共同提倡優質倫理：

社會優質倫理風氣之提升，除了個人自我學習成長外，家庭、學校也居於關鍵角色，而社會民間團體之提倡更是一股重大力量，如「中華關公信仰研究學會」對「仁、義、禮、智、信」此「五常」之提倡，就是一個實例。其他社會民間團體，如獅子會、扶輪社、同濟會、財團法人吳尊賢文教公益基金會等優質民間企業捐助成立之民間組織，如能加強對社會優質倫理之提倡，則對社會優質民風之提升，必有直接間接與有形無形之助益。

五、國家層面

（一）將倫理道德列入國民中小學正式課程領域：

國民中小學階段是一個人「倫理道德觀念形塑」與「良好人格養成」之扎根關鍵階段。目前教育部推動以品德教育融入各領域教學之方式，雖有其隨機融入教學等某些正面之價值與意義；然而，似有為德不卒之嫌，因以品德課程融入各領域教學，容易造成「品德教育零碎化」；惟正如前述，自約民國九十學年度正式推動「九年一貫課程」起，學生對倫理道德的相關基本知識，相當不足，甚至極為缺乏，更甭論系統性、連貫性與統整性，在如此思辨能力不足之情境下，事實上，學生許多倫理道德的行為，是很容易流於盲行、愚行與亂行的；雖「知」不一定會「行」，但「知」有助於「行」，實很少人會否認的，否則，就毋需「學校教育」了；鑑此，教育部亟需重新反省檢討，且將倫理道德列入國民中小學正式課程領域（如前述可採與其他議題統整為一個領域），同時對各階段倫理道德的教育目標、課程、教學方法、評量方式等皆需因應當前社會實況，超越傳統教條與思維，予以合理調整，其餘細節如同前面「學校層面」所述，於此不再重複。

（二）公務員與民意代表當以身作則且謹言慎行：

公務員具有一定基本知識水平與任用資格，而民意代表肩負眾多選民之所託，兩者所領取之國家俸祿，皆來自百姓之民脂民膏，又握有權柄與相關資訊，不僅基本上要奉公守法，更需進而為民表率；尤其，論述公務時，原則上其言行象徵代表「政府」，且基本上老百姓也視其言行為官方代表而信以為真，尤其握有大權之高官與高階民意代表，日常言行要以身作則且需謹慎，更需重視誠信，一者重建政府機關之威信，二者再造執政者之公信力，三者重塑國家誠信的優質文化，苟能如此，假以時日，上行下效，風行草偃，社會「背信」、甚至「詐騙」惡風將逐漸消弭。

（三）政策力求周延後再實施：

與其推出充滿爭議的政策，引發民怨強烈反彈，再力圖不斷彌補、修訂、再彌補，乃至朝令夕改，導致政府公信力盡失，甚至有時引爆難以收拾的爛攤子；倒不如實施前，多召開公聽會，廣納民意，聆聽相關各方面意見，以「純粹理性」審慎評估利弊得失後，以國家整體多數人福祉為主要考量，再推動實施，才較能取信於天下蒼生。

（四）重新反省已實施但充滿爭議的政策以重建政府威信：

正如前述，這幾年來，政府許多政策與用人，頗具爭議性，政府不能如同鴕鳥般「視而不見」、「聽而不聞」，因此，對於已實施但充滿爭議的政策需積極重新反省，以重建政府威信，俾以重獲人民之信任。

（五）修、立法嚴懲詐騙集團：

近幾年來，我國詐騙集團猖獗，不僅嚴重斲喪我中華民族長期以來的「誠信」優質文化，傷害許多善良百姓的心靈，同時也詐騙許多辛苦百姓的血汗，甚至毀壞台灣國際形象，危害國家生存，可謂罪大惡極；鑑此，政府修、立法嚴懲詐騙集團，實乃為當務之急。

（六）修、立法嚴懲製造與傳播謠言者：

詐騙集團猖獗危害社會、國家，固然罪大惡極，但製造與傳播謠言的個人與媒體，也同樣不可原諒；尤其身處網路高科技資訊時代，假訊息流通極為快速，可能幾秒鐘，當個人或組織團體或國家尚來不及回應與辯駁時，就可能對其產生難以彌補的傷害；有時即使個人或組織團體或國家予以回應與辯駁，由於先前接收到假訊息者，不一定會同樣接收到受害相關方之回應辯駁訊息，通常其間會有相當、甚至滿大程度之落差。簡言之，製造與傳播謠言者對個人或組織團體或國家，一定會造成相當、甚至滿大程度之傷害，是以對製造與傳播謠言者，需修、立法予以嚴懲，始合乎國家公平正義。

（七）獎勵具有優質倫理道德典範的個人、家庭、學校、社會團體：

國家優質倫理道德（包括誠信）文化，是奠基於具備良好品格的個人、健全和諧倫理關係的家庭、重視系統化合理倫理道德教育的學校、具備高信度公眾人物與媒體的社會風氣等累積而成的；因此，政府每年對於具有優質倫理道德行為的個人、家庭、學校、社會團體，各相關部門皆需擬訂相關辦法以獎勵表揚，激發社會各界見賢思齊之心與意志。有關此點，據作者了解，政府或民間團體等相關單位已有推動類似「師鐸獎」、「孝行獎」、「模範家庭」、「醫療奉獻獎」、「好人好事表揚」、「品德績優學校」與「優良公益團體」等表揚活動，深值繼續鼓勵推動，而前述活動有些是民間團體主辦的，事實上，國家擁有最多的資源與最高的權力，如果相關部門能更積極擬訂政策，獎勵具有優質倫理道德行為的個人、家庭、學校、社會團體，則移風易俗之成效會更快且範圍會更廣。

（八）研擬協助婚姻高風險家庭父母與其未成年子女照顧政策：

正如前述，當前我國家庭最大的問題在於離婚率攀升且居高不下，一些、甚至許多破碎與不愉快家庭環境長大的單親小孩，從小很可能就心靈受創，影響到其對異性、甚至對他人的信任，隨之連帶產生許多偏差觀念與行為，更嚴重者可能會產生不信任別人、詐財騙色等惡劣行為；但事實上，此類單親小孩根本是毫無權利選擇自己的家庭與父母親。鑑此，政府基於人道正義與社會責任連帶原則，在此類高風險家庭的婚姻剛出現裂縫、尚未簽字離婚前，必須給予該家庭之父親或母親，積極正向且有效地輔導與協助，而對於無奈被生於該類不幸家庭的小孩，必須依照未成年小孩實況，法理情兼顧，確保無條件協助提供其基本生存所需或部分支助等管道，俾以照顧未成年國民擁有基本生活、醫療與接受國民義務教育等生存所必需者。

參考文獻

內政部（2020）。內政部統計年報——二、戶政——03. 婚姻狀況。台北：內政部。線上檢索日期：2020年8月17日。取自：https：//www.moi.gov.tw/files/site_stuff/321/2/year/year.html

中華民國教育部（2015a）。教育部重編國語辭典修訂本：三綱五常。台北：教育部。線上檢索日期：2020年2月7日。取自：http：//dict.revised.moe.edu.tw/cgibin/cbdic/gsweb.cgi？o=dcbdic&searchid=Z00000144493

中華民國教育部（2015b）。教育部重編國語辭典修訂本：常。台北：教育部。線上檢索日期：2020年2月7日。取自：http：//dict.revised.moe.edu.tw/cgibin/cbdic/gsweb.cgi？o=dcbdic&searchid=W00000008475

中華民國教育部（2015c）。教育部重編國語辭典修訂本：倫理。台北：教育部。線上檢索日期：2020年2月7日。取自：http：//dict.revised.moe.edu.tw/cgibin/cbdic/gsweb.cgi？o=dcbdic&searchid=Z00000066980

中華民國教育部（2015d）。教育部重編國語辭典修訂本：倫。台北：教育部。線上檢索日期：2020年2月7日。取自：http：//dict.revised.moe.edu.tw/cgibin/cbdic/gsweb.

cgi?o=dcbdic&searchid=W00000003853

中華民國教育部（2015e）。教育部重編國語辭典修訂本：理。台北：教育部。線上檢索日期：2020年2月9日。取自：http://dict.revised.moe.edu.tw/cgibin/cbdic/gsweb.cgi?o=dcbdic&searchid=W00000003435

中華民國教育部（2015f）。教育部重編國語辭典修訂本：道德。台北：教育部。線上檢索日期：2020年2月9日。取自：http://dict.revised.moe.edu.tw/cgibin/cbdic/gsweb.cgi?o=dcbdic&searchid=Z00000043087

中華民國教育部（2015g）。教育部重編國語辭典修訂本：信。台北：教育部。線上檢索日期：2020年2月7日。取自：http://dict.revised.moe.edu.tw/cgibin/cbdic/gsweb.cgi?o=dcbdic&searchid=W00000007190

中華民國教育部（2015h）。教育部重編國語辭典修訂本：誠。台北：教育部。線上檢索日期：2020年2月18日。取自：http://dict.revised.moe.edu.tw/cgibin/cbdic/gsweb.cgi?ccd=.L9DNk&o=e0&sec=sec1&op=v&view=0-1

中華民國教育部（2015i）。教育部重編國語辭典修訂本：輗。台北：教育部。線上檢索日期：2020年11月22日。取自：http://dict.revised.moe.edu.tw/cgi-bin/cbdic/

gsweb.cgi？‧ccd=Vf_A98&o=e0&sec=sec1&op=v&view=0-1

中華民國教育部（2015j）。教育部重編國語辭典修訂本：軌。台北：教育部。線上檢索日期：2020年11月22日。取自：http：//dict.revised.moe.edu.tw/cgi-bin/cbdic/gsweb.cgi？‧ccd=df3C9.&o=e0&sec=sec1&op=v&view=1-1

中華民國教育部（2015k）。教育部重編國語辭典修訂本：商鞅。台北：教育部。線上檢索日期：2020年2月9日。取自：http：//dict.revised.moe.edu.tw/cgibin/cbdic/gsweb.cgi？‧o=dcbdic&searchid=Z00000131776

民視新聞（2011年10月1日）。日本團費少標一個0雄獅認賠。民視新聞。線上檢索日期：2020年8月18日。取自：https：//tw.news.yahoo.com/%E6%97%A5%E6%9C%AC%E5%9C%98%E8%B2%BB%E5%B0%91%E6%A8%99-%E5%80%8B0-%E9%9B%84%E7%8D%85%E8%AA%8D%E8%B3%A0-060043649.html

向光忠、李行健、劉松筠（主編）（2001）。建宏新編成語典。臺北市：建宏出版社。

李建瑩、謝宜倫（2019年4月13日）。我要訂便當！預訂320個找嘸人遭惡作劇。TVBS NEWS。線上檢索日期：2020年2月1日。取自：https：//news.tvbs.com.tw/local/1115170

李容萍（2020年2月10日）。蔡英文：再講一遍，衛生紙和口罩原料不一樣。自由時報。線上檢索日期：2020年2月10日。取自：https：//news.ltn.com.tw/news/politics/breakingnews/3063137

林保宏（2020年1月19日）。選前嗆賭「全台每人1份雞排」 男現身曝領取點。TVBS新聞網。線上檢索日期：2020年8月20日。取自：https：//news.tvbs.com.tw/life/1265189

姜得勝（2010）。道德力：重建台灣核心價值，再現台灣生命力。台北：群英出版社。

姜得勝（2014）。人類社會最主要的規範：「道德」與「法律」之辯證研究。台灣教育，686，52–54。

姜得勝（2016）。當前台灣少年「道德認知」的嚴重危機——從日本將恢復傳統倫理教學談起。台灣教育，699，34－41。

施建生（2009a）。政府的職責（上）。臺灣經濟研究月刊，32（8），8－12。

施建生（2009b）。政府的職責（下）。臺灣經濟研究月刊，32（9），8－12。

徐夏蓮、王秀亭（2005年12月23日）。孫先生（基於隱私考慮，以先生取代真名）精蟲家人見證銷毀——十四管已毀精子將火化。自由時報。線上檢索日期：2020年1月25日。取自：https：//news.ltn.com.tw/news/life/paper/49443

許珮絨（2020年7月25日）。真男人！翁買樂透爽中6.6億「竟與友均分」，原因超感人。三立新聞網。線上檢索日期：2020年12月25日。取自：https：//www.setn.com/News.aspx？NewsID=785732

郭芷瑄（2005年12月21日）。李小姐（基於個資隱私權，以小姐取代真名）：未來有自己的路要走 不再對外回應。大紀元。線上檢索日期：2020年1月25日。取自：https：//www.epochtimes.com/b5/5/12/21/n1161941.htm

陳英傑（2019年11月21日）。3個月內召回2次！賓士 C-Class 轉向故障，可能導致意外。自由時報。線上檢索日期：2020年8月18日。取自：https：//auto.ltn.com.tw/news/14055/2

陳基政（編著）(1982)。四書讀本。台南市：新世紀出版社。

湯孝純（1995）。新譯管子讀本（上）。台北：三民書局。

楊雅棠（2020年2月13日）。抗議聲浪湧入府院，急撤陸配子女入境，有我國籍才能申請來台，蔡總統：防疫工作不能有閃失。聯合報，第一版。

詹季熚、張春峰、許文男（2005年9月9日）。衛生署點頭 殉職連長取精留後。華視新聞。線上檢索日期：2020年1月25日。取自：https：//news.cts.com.tw/cts/

general/200509/200509090183289.html

賴佩真、郭繼宗（2005年12月19日）。孫家決定毀精 李小姐（基於個資隱私權，以小姐取代真名）盼留後。華視新聞。線上檢索日期：2020年1月25日。取自：https：//news.cts.com.tw/cts/society/200512/200512190189157.html

聯合新聞網（2020年1月22日）。安全氣囊瑕疵 豐田本田共召回610萬輛汽車。聯合新聞網。線上檢索日期：2020年8月18日。取自：https：//udn.com/news/story/6811/4303580

蘇育宣（2020年11月5日）。雲林伯賣碗粿賠本送蘿蔔糕，曝背後超深用意，網看完跪了。中時新聞網。線上檢索日期：2020年12月25日。取自：https：//www.chinatimes.com/realtimenews/20201105006225-260402？chdtv

附錄一

聖凡雙修的生活方式
實踐策略綜合報告

附錄一　聖凡雙修的生活方式實踐策略綜合報告

綜合報告—追求法喜的身體健康（仁）

報告人：東勢高工校長　周文松

我是東勢高工校長周文松，非常高興今天能參加玄門真宗所推廣的「聖凡双修的生活方式」實踐策略～五常德研討會。五常德是指仁．義．禮．智．信，早上五位教授就五常德分別加以論述，宋教授談的是「仁」，仁代表身體健康，我們都知道，健康就是財富，特別是到了中老年時，最為重視在意的就是健康，下午本組也分別就「聖凡雙修」及「如何追求法喜的身體健康」做了討論，我僅代表幾位校長及修士們就討論結果來做綜合報告。

所謂的「聖」，指的是內在內心，是個人的內在修為。而「凡」，指的是生活習慣，生活禮儀這部分。在個人修為方面，不論是飲食、運動、環境…等，個人立場或周遭環境都應酌予改變，例如個人良好生活習慣的養成，及透過靜息、時序、飲食、運動、法喜來實踐身體健康。

在靜息部份，如果個人情緒或生活上感到緊張有壓力，就可以透過靜息來舒緩，然靜坐不一定要盤腿，只要把心靜下來即可，靜坐對教育工作者而言，相當的重要，在班級經營時幫助也很大，可以讓學生在短時間內把心靜下來，讓學習更加精進。

在時序方面，一年有24節氣，我們身體包括穿著、環境各部份，都應依時序．時節來因應，不能不服老，該加衣就要添衣，氣溫太低就不要洗冷水澡，若是為了身體健康，適當是可以的。總之，要在對的時間做對的事，該吃就吃，該睡就睡。

飲食方面，上了年紀除了注意營養均衡外，應該多吃蔬食少吃肉。

至於運動，個人有慢跑習慣，看到很多人因劇烈運動造成運動傷害，所以手球、排球、羽球個人都列為拒絕往來戶，都不敢貿然嘗試，透過這次研討，了解到其實很多的運動傷害是可以防範避免的。

法喜指的是正向的人生觀，我們對周遭的人或是在人際互動中，都應該保持正向的態度，讓周遭充滿喜樂，未來國家才有希望。在座都是優質的校長，主持校務可以透過法喜這樣的研討，讓人良善的內涵，都能實踐在整個生活中。

最近教育部推動SH150普及化運動，乃為了因應資訊過度氾濫，學生手機成癮等種種問題，我們從事教育工作，可以從個人職務，去影響更多的人，只有每個人都健康，社會才能更加祥和，以上簡短報告謝謝大家。

總合報告—創造通達的人際關係（義）

報告人：復興國小校長　許坤富

個人授命來報告—「義」創造通達的人際關係，僅將本組整個下午的討論及上午陳世穎教授的報告內容做一個總結。在「仁、義、禮、智、信」中，義不能置外於五常德，也就是義必須融合在這五個之中。義講的是人際關係，也是道德品德的實踐，可惜我們現在這個社會常發生不仁不義的事，不只是個人的言語行為導致衝突，像是社會的砍殺事件也層出不窮。有些年輕人在家裡一味的索取，對朋友動不動就情緒勒索，對社會予取予求，認為社會來照顧他是理所當然，感覺全社會都對不起他，怨天尤人，自閉於社會，人際互動障礙的現像越來越多。

早上教授也談到法律與道德的界線，現在社會上反而強調法律勝於道德，把自己權益置於公益之上，所以也就經常發生不仁不義的事件。動不動就要打官司保權益，要不就說，你小心一點，我要錄音我要告你，這些行為都違反了我們過去的傳統倫理道德，社會上甚至還出現一些打壓正義的公司或團體，秋後算帳履屢皆是，維持正義的人多所不在。

我們早上所談的這些誠信也開始有點商品化，好像誠信都要拿來促消來打折，最好還是打對折，講過的話前後不一、言行不一，這種現像非常普遍，利之所趨更是見利忘義，人際間爾虞我詐。

所以今天來討論「義」的議題，我覺得非常有意義。尤其我們學生受到社會風氣、媒體報導、政論節目的影響，加上政策有去中化趨勢，一些中華文化思想解構得非常快，一下子就通通不見了，但是新的價值觀尚未建構完成，很多倫理道德更是有待重建。九年一貫到十二年國教課綱，品德教育也慢慢消失了，有人還開玩笑說是缺「德」教育。雖然面臨此一情況，但學校還是把品格教育列為很重要的議題。我們今天齊聚一起討論「義」的議題，要感謝主辦單位中華關公信仰研究學會，長年幫助社會弱勢，從事社會救濟與社會福利工作，以及重建倫理道德這區塊的深耕與努力，才能讓扭曲的社會露出一線曙光，這真是一個非常好的重建倫理道德的機制。

至於創造通達的人際關係，要如何在生活中實踐?在小學教育裡是不會直接用講述來教導孩子倫理道德的，而是需符合情境來創造，可以透過生活、透過人際互動、透過實際發生的問題來啟發學生的倫理意識，因為我們都希望孩子長大後，在人生漫漫長路中學會怎樣跟自己、跟他人、跟社會、跟世界共處，不會感到茫然。

最後本組討論出來創造通達的人際關係的內容有以下幾點：

1. 多講一些讚美的話語，多欣賞別人。
2. 別人講話時，多傾聽他人的意見、多專注，培養信任感，感受到他受到的重視。
3. 常常給予他人支持、當一位鼓勵的人。

4.自己要培養自己成為一位樂觀向上的人，也願意分享自己的快樂，把自己正向能量散播給他人的人。

5.我們要不怕挫折，修身自己，能夠努力有責任感而受到肯定，那也會維持良好的人際關係。

6.要樂於協助他人，助人是良好人際關係及幸福感的來源。

7.參與正向的團體，像中華關公信仰研究學會就是正向團體，能夠有更多的支持來引導我們向前走的能量。

8.要三不三給。不傷人心、不逆人意、不斷人路，要給人希望、給人法喜、給人方便，最後還要本著「人生以服務為目的」，相信就一定能創造一個美好的通達人際關係。（教尊語錄）

綜合報告——經營和諧的圓滿家庭（禮）

報告人：福陽國小校長 黃哲偉

教尊、五位教授，以及在場的各位先進、伙伴們，大家午安。本組討論的是禮的實踐策略，如何經營和諧圓滿的家庭，我們這一組的報告經過彙整跟摘要如下。因為內容相當多，我儘量簡短摘要說明。

首先，跟大家分享的是家庭的差異。在整個社會變遷之後，傳統的家庭跟非傳統的家庭出現比較大的差異，比如說傳統的家庭有合法的婚姻關係，有血緣，有因收養產生的關係，有男尊女卑，男女組合也有非常明確的規定，最重要的是，人跟人之間的界線非常的清晰，角色扮演很清楚，如：父親的角色、母親的角色，或者是子女的角色。非傳統的家庭慢慢出現性別愈來愈平等，組成的方式也愈來愈多元，包括同婚、其他各種多元的組成方式，成員的聚散也跟以前不一樣，甚至是出現遠距家庭等等狀況，成員彼此之間的界線也愈來愈模糊。這是目前大環境造成的傳統家庭跟非傳統家庭的差異。

其次跟大家分享的是家庭的變遷狀況。裡面有分為變跟不變的地方。不斷產生變化的是在型態上面，結構的解構上面，在價值上面，還有在平等跟互相尊重的部分，甚至是繼親、隔代教養，或是單親的狀況等型態都在不斷的改變。甚至連家庭的繁衍功能的部分，都可以從少子化減班的狀況感受得到。當然還有一些不變的地方存在，比如說，愈來愈獨立自主的成員們，源自於教育水準的提升和經濟的獨立自主；關於和諧共處，大家也都愈來愈瞭解到要透過學習才能夠完成，大家也就會愈來愈積極的去學習如何的和諧共處；再來家庭的核心價值，不管是否為傳統家庭或是經過變異的多元家庭，都仍然會存在的一些價值，比如說，倫常、愛、敬重、承諾，或者是成員的共同願景，以及界線之間要如何才合宜，這些都是屬於家庭並未改變的核心價值。再來，論及家庭的功能，雖然三個裡面有一個繁衍的功能慢慢在喪失中，但是另外兩個功能，社會化以及情感的支持，還是依然存在的，在這樣變與不變的狀況下，應該還是有許多議題值得我們來深思。

第三部份要跟大家分享的是，東方所注重的禮節、禮貌，和西方所注重的理性或理智探討，到底能不能夠做一個充分的融合？這是本組在討論的過程中，意見交流最為熱烈的，我們的結論大概有以下的三點：第一，非典型家庭，到底要如何的維繫，或者是傳承核心價值，其實在這個部分，包括利用各種的教育方式，或者是大家探討出，到底那些是既然社會改變之後仍然存在的核心價值，去進行努力。第二個部分，禮節的真誠或虛偽，是不是能夠源自於理性，如果可以的話，禮節和理性這兩件事情是應該可以共融的，那理性的自主表現，能不能夠同時接受尊重跟包容，如果都可以的話，那麼理性和禮節就都可以彼此包容。最後一件事情，發乎情止乎禮，是我們耳熟能詳的一句古諺，那這個理，不管指的是道理的理，還是禮節的禮，都可以是未來非常值得我們共同努力的一個方向。

第四個跟大家分享的內容是，家庭圓滿大概有四個主要的基石，第一個是愛與陪伴，第二個是真誠與關懷，第三個是同理尊重，第四個是共同的願景，如果能夠達到這四個基本的條件，那麼家庭的圓滿也就不遠了。而且，這四個基石，不但可以用於家庭，也可以用於企業經營，甚至也可以用於學校的校務經營發展。

第五個跟大家分享的是，在禮的基石，家庭教育方面，可能大家都在社會上看到很多很多不斷讓大家垂頭喪氣的負面消息，讓我們覺得很難以繼續進行傳承，以下我們就提出幾個方法：比如說，家庭教育的範疇不外乎是性別教育、婚姻教育、師親教育、親職教育、子職教育、家庭資源的管理教育等，這些範圍可以透過許多的實作、體驗，來進行教育上的經驗傳承，不再用以前大拜拜的方式，去做那些做完了但卻沒有效果的教育歷程，比如說進行性平教育，利用繪本讓孩子去演、去讀、去體會，比如說在感恩的過程中去進行親職和子職的關懷，比如說在家庭平常的作業，能不能夠讓孩子也去分攤家務工作，讓它變成一種義務而不是一種懲罰。最後，從兩個不同的角度，包括角色扮演體會，或者是在職場一天的體驗，讓孩子可以瞭解到，大人和小孩的世界，各自有那些任務必須去完成。

以上是本組的報告，謝謝。

綜合報告—建立利益眾生的事業（智）

報告人：車籠埔國小校長 包沛然

我們這組討論的是「智」的實踐策略—建立利益眾生的事業，剛剛在龔教授專業的指導與引導下，討論非常熱烈。聽說有一位校長，脫了兩次口罩想發言都沒機會，我也是全場都沒機會發言，所以現在才能代表本組來報告。我們看關聖帝君神像一手持青龍偃月刀，一手拿著春秋大典，就知道牠是文武雙全有智慧的武將。我先用三個簡單的例子，讓大家知道關聖帝君的智，一是智取周昌，牠用一把稻草、一隻螞蟻、一顆雞蛋，就把周昌收為己有，二是他鎮守荊州八年，奠立三國局勢，甚至是水淹七軍，三是過五關斬六將，這些英勇的故事，相信都是大家耳熟能詳的。

我們這組討論時有提到，智慧分成大智和小智，在小智慧的部分，就是投機取巧，找捷徑，炒短線，三國另一位代表性人物曹操就曾說過這麼一句話，寧可我負天下人，莫叫天下人負我，我想這就是最典型的代表。那麼大智慧就不一樣了，大智需要具備客觀遠見，也就是像龔教授剛剛提到的，企業必須要有願景，要循正當管道達成目的，並且要以整體群眾社會利益為最大考量，用創新的方式來實踐。我個人因為服務領域在學校，所以有這樣的心得和想法，回到學校後要把學校變成一個智的實踐與練習的場域，指導學生運用他們在領域學習到的待人接物，品德養成所學到的知識，去培養正確的學習態度，宏觀的眼光，公益和創新的觀念，來適應未來事業與職場的需求，這是教育應盡的義務。

回到主題，在企業經營的部分，利益與利潤之間的分別，在利潤的部分，企業在創業之初，都是將本就利都是希望賺錢，那利益就不一樣了，益字就代表利益眾生的意思，必須做到利益均分，把利益最大化。我舉二個負面例子，在大陸有三鹿毒奶事件，在台灣有鼎新劣油，這些都是以利為首唯利是圖，這種巧智毫不足取。至於大智的部份，本組組員也提出非常多的企業，這幾個正面例子，如：全聯，以前叫軍公教福利中心，他本著經營的智慧，與時俱進，又有好的企業願景，現在已經是最大獲利的零售商通路。另外信義房屋的教育推廣，豐田和福特汽車也都成立仁愛基金，在教育.慈善事業、社會公益上奉獻心力，福特汽車的創辦人還說，我要做一台每個人都買得起的汽車，這就是他的願景，他展現大智慧，終成為百年企業，其來有自。

最後談到「智」在現代企業生活的體現，我們把它分成三個部分，一求大利，二求永續，三求創新。在求大利部份，就是經營者要利益眾生，要建立願景，讓經營者、股東、員工、社會大眾，大家都受益，大家在企業經營部份都獲得自己想要的。求永續，企業經營者要盡到企業環境的社會責任，環境保育、弱勢關懷、永續生活。求創新，企業經營者應本客戶至上、服務導向的觀念，這也是大智慧的展現。最後，在仁、義、禮、智、信這樣的一個圓融的人生，我們希望用智的思考，在仁、義、禮、智、信中來實現聖凡雙修的人生。

以上是本組的報告，謝謝大家。

綜合報告—實現精勤的人生理想（信）

報告人：峰谷國小校長　錢得龍

我是峰谷國小校長錢得龍，今天我要總結報告的是五常德~仁義禮智信的「信」，「信」在玄門真宗教義裡，代表核心，等於說是力行。言最終也要行，沒有實踐終究是空話，也就是要把理念貫徹到「信」裡。我自己也有在行，關聖帝君有一部經叫明聖真經，我持誦快九年了。我曾經在帝君面前承諾，只要我能夠法喜能夠如願，我願意每天持誦。這部經大概有三千多字，相較於心經字數，應該有十倍以上，我每天持誦，這也是小小的信。

剛才分組討論時，姜教授、劉校長，還有明君、明觀兩位師姐也都有提到，內心許願後就實踐且充滿法喜。小時候我讀過季札掛劍的故事，季札出使路過徐國，徐國國君非常喜愛他的箭，季札心想，等出征回來，不用了就送給徐君。那知季札出征回來徐君已經走了，季札還是把劍給掛了上去。可見內心的承諾就可以當信了，信的標準還真是蠻高的，不一定要講出來。我們現在有很多人，講出來不一定做，去年講的話今年就可以推翻，因為時間不一樣、地點也不一樣，所以就推翻。

歷朝紂王是暴君，到了唐太宗就不一樣，朝代會興替，有時是明君有時是暴君。家庭也一樣，父母親置了很多產業，鋪橋造路傳為美談，但不知那一代子女就無所不做，把家產給敗光了。政府也有這種現像，所以我們就視為正常，既然是上天給我們的輪轉，我們就釋然接納吧。

接下來談誠信，「誠」講的是成功之言。成功之言不一定要實言。例如我問學生，昨晚你爸媽吵架了？聰明的學生會說不是啦，講話比較大聲而已，而不是說我爸拉著我媽頭髮去撞牆。我們如果看到體弱多病的嬰兒，要說長得很秀氣，一定會食百二⋯。再舉薛岳一例，薛岳36歲患肝癌，醫生告以剩下半年時間，他撐著病體開演唱會，唱完「如果還有明天」後，面向著會場問聽眾，薛岳還有明天嗎？聽眾席傳來絕對有明天，五千多人的場域裡，絕對有明天的聲浪不絕於耳。一個月後，薛岳走了，他笑咪咪的離開人間，嘴角還掛著微笑，這就是正能量的展現。

「信」叫信度，信度就是前後一致。不能去年講的話今年說不是，時間上要一致，內外也要一致。在座劉明增校長父親遺願，希望劉校長也能擔任校長職務，明知校長不是人幹的，但劉校長心裡面答應了父親，就一定要做到，這就是信。我們對國家也要一致，我們都是炎黃子孫，關聖帝君也是我們的祖先，民國95年，我到馬來西亞參訪，很多華人在檳城，他們有用英語講話，也有用華語交談，記者問他你的姓名是什麼？他答：很久沒用忘了中間一個字，連自己祖先的姓氏都忘了，台灣不可以這樣的，如果這樣，我相信關聖帝君也不會同意的。感慨之餘我寫了一首七言絕句，叫南洋無名氏，「唐山渡海南洋來，子孫洋腔住洋宅，咤問福佬芳名姓，不知何時已空白」。台灣不能這樣對不對？

今天我們在關聖帝君及玄門真宗薰陶下，相信很快都能做到誠信，並且成為實踐者。謝謝大家。

附錄二

聖凡雙修的生活方式

實踐策略心得與闡述

附錄二 聖凡雙修的生活方式實踐策略心得與闡述

秉關公神威、玄門真宗五常聖緣

峰谷國小校長 錢得龍

聖緣常在，這回，得以參加玄門真宗的關公信仰研究論壇。

先說小時，看父母長輩拜神虔誠，都覺得迂腐好笑，故意偷抓供品來吃，看神明能怎樣。老爸年邁那些年行動已經不便，每天早晚仍提個茶壺步履艱難爬上四樓神廳燒香，我覺得何苦，有沒神明天曉得，拜個心安又何必太認真呢！

而今老父老母都走了，自己也不覺步入了老年行列，愈來愈覺得神尊確實存在，也更覺得人啊實在是渺小而脆弱的。而我第一具體感應神威確在的神尊，就是關聖帝君。

*初次感應，關聖帝君神威赫赫庇祐

民國100年我要從外地調回較近的一所國小，一共有五人想要來，一個是鄰校明星學校的甲校長，在該區辦學聲望好極，而且和地方民代仕紳關係甚好，他呼聲最高；第二位是老資格的在地校長，在大里已掌過兩所大校，為人謙和黨政關係無人能比；第三位也是老字號校長，在本地籌設過一所新校，是縣內聲望崇隆的音樂教育領頭人物；第四位資歷與我相當，但他有特殊優勢，其令兄是教育局長的師專同班老同窗。

我在這個這個賽局中，完全看不出勝算。熱心好友，領我到大坑的關聖帝君祈拜，許了願之後忐忑擲筊，一下子就連允三應筊，初步吃下了定心丸。但接下來的局勢和所聞，都讓我起伏不安，因為大里這邊的人都知道，是甲校長要來接這所學校，而且似已成定局。還有廠商友人，特地來好心婉轉告知，要我去第二志願學校走動走動，免得到時沒地方去，怕一翻兩瞪眼我受委屈了。他語氣透漏的是：我肯定是去不成了，該找備胎才好。我雖心有不安，但想到關聖帝君的三聖筊，還是相信我可以的。

接著我繼續祈拜台中、草屯兩處關聖帝君廟。話說，祈求後我列印了《關聖帝君明聖真經》，每日早晚虔敬念誦將近四千字的經文。

結果，我在不看好的賽局中，竟然如願遴選上了第一志願學校，我心中雪亮：靠的是關聖帝君的保佑。除了感恩讚嘆神尊神威赫赫，也願更加認真辦學、用心教育，以報恩寵，並許諾終身持誦《關聖帝君明聖真經》，弘揚神威教化。

此後，每日持誦明聖真經，持續已逾九年了。那時祈拜的關聖帝君廟有三處，所以每年帝君得道和聖誕，準會備辦供品前往敬拜，從無間斷。

*幸蒙庇護，濡沐關聖帝君聖緣

多年來，幾個友人曾不約而同會說，我人格近剛直正義，和關聖帝君有緣。曾有兩次，訪客到我辦公室來，說看到紅臉神尊聖像，我心裡篤定感恩，關聖帝君、恩主公真的是常伴庇護。

有一盧姓訪客，踏進我辦公室開始打嗝，我以為他有胃食道逆流的毛病，請他喝茶消解，他卻愈喝愈打嗝，接著開始對我說些話語。首先，他說我秉性剛正，與我最有緣的神尊是關聖帝君，剛一進門就見到紅面神尊立於桌前。他一邊打嗝一邊提點一些事情，所言大致都符合事實，例如說到兒子，因為我過於嚴格要求導致個性退縮，倒是完全吻合。他指點我要做些彌補，和兒子溫暖互動，把嚴父的面具拿掉，讓兒子重新伸展，這說上我的痛點了，我深感愧疚虧欠，自己的過度管教把孩子高飛的翅膀折翼了，對不起兒子，今後真是要努力補救。他還提點我，既是有緣，能到關聖帝君門下做些奉獻，更能增長福慧。

還有一位年邁的家長，他每天接送孩子來上學，會在校門口和我閒話幾句，講著幾乎就開始打嗝，於是他就匆匆說再見離去，可能他若繼續聊著，就要產生靈動感應了。原來他家裡設有神壇，主祀正是關聖帝君。有回他到我辦公室，指著桌上擺著個鹿港請來的Q版小關公像（加持過的）說，別看小小的，那是一尊紅臉大漢立在那裡。他約我要找一天到我家來坐坐，希望孩子全家都在才好，於是我告知全家，孩子們倒也都配合。

老家長一進門就打嗝，坐在沙發講著孩子和家裡的若干事情。例如他說我嚴父的面孔太明顯，干涉孩子太多，所以他們話都少了，回家就是上樓。他說我是關鍵，要我多多改變，泡個茶把孩子當朋友，大家一起在客廳聊天看看電視，不然一人一處家裡冷冰冰了。這是真的，聽了確實也想要改變的。針對三個孩子，他分別做了些提點，講到大女兒時她還流淚，可見說到心崁兒了。這是關聖帝君的指點吧？

近翻資料，方知關聖帝君早已是華人地區最普遍的信仰神尊，是中國大陸廟宇數量的第一位（馬書田，2001），近年更是神威赫赫，在台灣的普及率急速增加，我的因緣算是晚了。

*玄門真宗學習，管窺恩主公五常教義

接下來的關聖帝君聖緣，要提到老朋友陳芊妘校長，近年她與關聖帝君、恩主公結緣甚深，在玄門真宗聖地奉獻，我托福有緣上道場敬拜參聖，歡喜參加了宗門的座談學習。探討教義五常

仁義禮智信，我被分到信的一組，正是五常中最具實踐的核心綱目，一日學思，智慮雖愚仍小有所得。

信是人之言，即說話像個人，也是「人異於禽畜者幾希」的一部份。中國人最講誠信，大家耳熟的季札掛劍，他覺察徐君深愛他的配劍，心中默忖回頭再奉送，不料回程徐君已死，為了實現「諾言」，於是把劍掛到吳王墓前，只是心中所想未曾說出口的，都要守信，可見中國人對誠信的徹底實踐。傳統中國商人一向誠信立業，誠信就是商機，遠比西方合約法律管用。

誠信的「誠」，我稱之為成功之言，是使人歡喜自己受歡迎之言。過去教小孩誠實，其實誠與實要分開來看，做人宜誠，處事宜實。做人太實反而容易傷人，逢人減壽、逢衣加價，就這個道理，做人甚至得誠而不實。

記得，歌手薛岳癌末告別演唱會，唱完「如果還有明天」突然問台下：各位朋友，薛岳還有沒有明天？現場幾千聽眾瞬間愣了，不知如何回答，忽然有位八旬老兵振臂高喊：絕對有明天！現場馬上響起如雷掌聲，「絕對有明天」的叫聲不絕於耳，愣在台上的薛岳也感動得流出兩行清淚。兩月後，歌手撒手了！這段期間，它必然充滿喜悅與安詳，因為有這麼多熱誠關懷的真心伴隨加持。「有明天」這句話，真誠而不真實，卻讓彼此都歡喜受益。

***信者，內外前後一致、價值古今恆常**

信在社會科學的定義是一致的意思，對人品而言，內外一致、前後一致、勿忘初衷：對世事而言，不變的信念價值，是古今中外的恆常至理，昨非今是的變聲蟲、前倨後恭的應聲蟲，講一套做一套，人前人後不一，都是無信小人。古人講慎獨、暗室不欺，是信的高超境界。庶民百姓失信，人格破產，絕了前程後路；身居廟堂搞雙標不臉紅，前後矛盾自失立場，不但不能匡正民心，甚將為民所唾棄。觀諸歷代興衰，有明君聖朝，亦不乏昏君亂世，興衰交替難道也是世代原罪？

「誠於中、形於外」，誠是內在的真心關愛，信是外在善行的堅持和實踐。目前台灣的問題正是誠信敗壞，號稱民主選舉，卻疵牙裂嘴互揭瘡疤，造謠矇拐謟冀甩鍋，所言所行前後矛盾，處廟堂而壞綱常，我執偏狹德不配位，上行下效上下交相賊，邪說詭論充斥、跳樑小丑當道、魑魅魍魎橫行，國內外姑息逆流，真理隱微不彰，價值解組倫常崩壞，欺師滅組認賊作父，麻木失志及時行樂，文革復僻零落無根，亂象充斥不知何去何從！

祖先世世代代的傳承，智慧點點滴滴的累積，才匯集今天中華文化的長江大河，豈可輕易棄守？誰都別有邪念圖謀、誰都不可能泯滅我偉大的五千年的永續民族浩氣。生為炎黃子孫，哪能因一些人的私念迷障而背棄祖宗？哪能因一時的險阻挫扼而退卻放逐？

*信仰關公，重振中華民族氣節

物極必反、生息交替。風雨如晦雞鳴不已，黑暗過去黎明到來，我們不懷憂喪志，崩壞是生物本能，而人倫秩序卻有賴奮勉重建。關公信仰，正是重現文化基因、重植道德根苗、重塑優良道統的一股正氣力量。

千百年的流傳，關公已是儒家武聖，與文聖孔子並稱中華民族的「文武二聖」。彭允好(2019)指出，關公熟讀《左氏春秋》，並在生活中實踐履行，成為「義」之典範，信仰關聖帝君，也是信仰中華不朽的春秋大義；于右任為關公廟楹聯寫道「忠義二字團結了中華兒女，春秋一書代表著民族精神」。的確，關公精神與春秋精神早已融為一體，代表中華民族文化的核心價值。

關帝廟遍布全球，有華人的地方就有關公信仰；關公的歷史、故事流傳廣泛、婦孺皆知，成為教化民眾，勸善抑惡，人格教育的最佳教材。浩浩神威、熠熠明燈，我們將秉隨關公感召，振奮鼓舞，重燃對祖先、對民族、對文化道統的熱愛，實現仁義禮智信五常德。吾人祈願，從上位做起，樹立典範，風行草偃，倡導誠以待人、信以律己，重拾淳樸良風。

玄門真宗一日研修，洗心滌慮，開啟崇信關公、遵奉善行的一道門扉。

參考文獻：

馬書田（2001），《中國道教諸神》，台北：國家出版社。

彭允好（2019），https：//kknews.cc/culture/ejg9vn4.html20190214。

健康、人際、家庭、事業與理想~五常德盛會的啟蹟

鹿峰國小校長　黃美玲

2020年11月15日是個特別的日子；蒙好友芊妘校長之邀，讓我有幸躬逢其盛~即「聖凡雙修的生活方式」實踐策略學術論壇；會場殊勝的虔誠敬謹，還有五位講師精闢的立論，不僅更新我對關聖帝君的認知，也開啟我對於人生的另番省思。

多年前，我才滿十五歲，便離開家到新竹師專就讀；當時學校各班級是以「仁義禮智信」分班，只是師專生的名額不多，所以我沒見過信班。但是，我特別喜歡自己是「智」班，彷彿更肯定自己是個聰穎的人，不論讀書或活動，總是不落人後。

歲月如梭，馬齒徒增，歷經30幾年的淬礪，我已經知道光有小聰明是不行的，人必須累積智慧！這才是真正的「智」。

在論壇的研討中，我明白為何關聖帝君是該會所倡議的導師；那是關公的形象與品格已被尊崇至神級之列，深嵌於民心，易起教化人心之效。尤其，關雲長千里尋兄不忘其本（仁）、華容釋曹深明大義（義）、秉燭達旦守其大節（禮）、水俺七軍威震華夏（智）與單刀赴會取信魯肅（信）等千古傳唱的故事，更是很好的教材。

也是這場因緣使我開了竅，終於明白母校新竹師專培養將來為人師者所看重的德行。而校訓揭櫫「鐵肩擔教育，笑臉看兒童」正是教育工作者在此紛亂時刻不能規避的責任。我們要以身教、言教、境教和制教等方式教學相長，以五常德之信念撥亂反正，共塑和平美好的世界。

這場論壇一開始，就由五位德高望重的教授擔任分享，他們的簡報清晰意賅、言談幽默，不乏引經據典、穿越古今，讓聞者動容，歡笑滿堂。

我坐在席間往前看，校長們頻作筆記；往後看，凝神專注的信眾滿臉讚嘆！突然撇見顧問師粉墨成的紅臉關公，霎時以為與諸聖先賢為伍啊！不禁暗自佩服這場論壇辦理的用心與深情。

回首竹師諄諄教導的仁義禮智信，正與五常德完全吻合。師長要我們注重健康、經營人際、完滿家庭、深耕事業與信守理想，才能成為一流的老師，擁有快樂的人生。

試想：憂憤的老師怎麼可能教出樂觀積極的孩子？若沒有活潑、善體人意的心志，哪有餘力追逐夢想、服務人群？

際此數位時代，社會變遷的速度超乎想像；其中亙古不變的道理，是手握的溫度、是健康才有未來、是人生要有目標，才不枉走此一遭！

而我，已逾天命之年，雖已擔任校長20年，卻仍有許多必須修為之處。如今欣喜能浸潤在求聖之所，釐清紛雜思緒，讓我鋪陳五條清楚的道路，引導親師生攜手共進！

再次對主辦單位、工作人員及講師們致上最敬禮！謝謝您們！

種善因、不計較自有後福

中科國小校長 顏福南

關公信仰「仁義禮智信」核心思想，其中仁者人也，也就是對人有愛，廣結善緣，種善因就有好果報，這讓我想起一個朋友，他為人師表，春風化雨已經二十幾年了，最近考上校長，我們去參加他的就職典禮，他一路細數教書的點點滴滴。

他告訴我們：「十九歲初任這所學校的教師時，是最年輕的老師，別人不願意做的事情，他都願意協助。」因為這樣，種下了善緣，也磨練了自己的能力，所以學校同事都很喜歡他。

在他擔任導師期間，對於青春期叛逆的孩子也格外耐心寬容，他告訴我，凡事只要相信，只要包容，孩子也能感受老師的愛；因為尊重，因為信任，他改變了孩子的品行，成為孩子信賴的朋友，所以學生很喜歡他。

對人和善，做事積極，主動關心學生，擔任社區發展協會總幹事，為社區服務，走訪貧困弱勢的家庭，提供協助，深入社區，所以家長很喜歡他。

日積月累的行善，種下善因，當同事、家長知道他要考校長時，許多人告訴他：「你待人這麼好，一定會考上。」彷佛冥冥之中，一股無形力量支持著他，每當讀書疲累的時候，總會想起同事和家長充滿期待的話，精神就會格外飛揚，鼓舞著他繼續寒窗苦讀。

考試當天，高速公路塞車，到了考場找不到停車位，心急如焚，只好誠懇的告訴考場旁一戶人家：「我要參加考試，但是找不到停車位，可否借我停車？」這戶人家看見他老實的樣子，笑著說：「很少人這麼客氣、禮貌向我借停車位，祝福你金榜題名。」這戶人家熱心的出借騎樓，讓他安心停車，使他能準時抵達考場。待人以善，誠懇真心，總有貴人相助，他如願考上校長。

考上校長後，準備參加校長遴選，他原本規畫到其他學校服務，正巧原校校長退休，家長會力邀他參與遴選，教師會也極力贊成，天時、地利、人和，終於促成這樁美事，他留在原校服務，成為同期校長中唯一在同一所學校經歷教師、主任到校長的職務，一路與人為善，步步高升，留下了杏壇佳話。

平日一點一滴的行善，濟人急難，憫人孤苦，容人過失，廣行道德，種下良善的因緣，就會收成美好的善果。讓我們真心的付出，愛身邊每個人，就像花婆婆播下花的種子，總有一天，我們社會就能花海璀璨，善行滿人間。

再說「仁義禮智信」核心思想「義」，義者公益也，對人不計較，待人以善，就有善報，我想起我的國小同學，她待人謙虛有禮貌，初進入美髮業當學徒時，非常認真。有天朋友開店，生意很好，請她去幫忙，朋友看她工作認真就說服她合夥，可是她身上只有五百元，朋友慨然的說：

「沒關係，現在就開始做，開店的錢妳慢慢還就好。」就這樣當起了老闆，兩個設計師和兩個助理加上幾張椅子，克難的做起生意來。

夏天生意差，常常一天做不到幾個客人，她就去批手工來做，大家一起做，錢也一起分，度過了難關，由於待人客氣，朋友都喜歡和她一起工作。有次她看見樓上房東夫妻經常外食，就跟他們說：「我周一到周五都有煮飯，順便煮你們的，不用貼錢，大家一起吃飯比較熱鬧。」房東高興的點頭答應，感激之餘，還在周六、日招待她吃日本料理，原來他們夫妻以前是開日本料理店的，她的好心贏得房東夫妻的熱情回饋。

兩年後房租合約到期，再續合約時，房東說不須漲價，可是她想，店面既然申請營業登記，稅金會增加，於是主動向房東說：「你不漲價，那我自己漲好了。」她笑著說，當時只是為房東著想，沒有想那麼多。房東客氣的回應：「租屋契約別打了，妳喜歡租多久就隨便妳住。」對人不計較，讓她能安穩的做生意，不用為了找店面東奔西跑，奠定了她事業的基石。

幾年後，房東向她說：「我在市區買了六十幾坪的土地，已經蓋到二樓，樓下要開眼鏡行，二樓租給妳做美髮，跟妳認識這麼多年了，妳是首選。要不要來啊?妳不要的話我才租給別人。」她從沒有經營過這麼大型的店面，幾經考慮後，毅然答應租下這間店面。

待人客氣不計較，讓她做生意左右逢源，她經常聽見同業抱怨他們的房東常要漲價，囉哩囉嗦的，可是她都沒碰過。經營美髮店將近二十年，附近連鎖店愈來愈多，傳統店面愈來愈難經營，可是她從來不會負面思維，有競爭才有進步。她對待員工如子女，讓員工能安心的工作，很多員工離職後還經常回來探視她。待人客氣，讓她廣結善緣，生意愈做愈好。

不計較肚量大，待人用心不求回報，是她事業成功的原因。她說愈柔軟的草，愈能禁得起風雨的摧殘，她幸運的生意愈做愈大，都是無心插柳，貴人相助。她滿懷感恩的心去對待周遭的人，沒想到冥冥之中也會回向自己。

我看著她洋溢著滿足的笑意，娓娓道來過往的點點滴滴，彷彿歲月不曾在她臉龐留下足跡，美麗燦爛的笑容訴說著收穫的幸福與付出的快樂。

行五常道、做人間聖

瑞峰國小校長　蘇世昌

現代空前的物質繁榮，改變了傳統的社會價值；科技與網際網路的發展促進了生活的便利，縮短了人我之間的距離，卻也間接助長了媒體亂象、政治紛擾、人我疏離與社群壁壘，讓社會氛圍充滿了不滿，充滿了暴戾之氣，連帶的也讓我們感到困惑、憂慮，甚至迷茫、無助。所謂危邦不入、危城不居，但處在今日，又有誰能真正脫離這世間的喧囂？找到嚮往的桃花源。

世事瞬息萬變、時局動盪不安，社會型態的改變，導致價值取向傾向世俗性、功利性，外界的不可捉摸與無法掌握成了社會集體焦慮的根源，如何安頓身心？找到內心的自在，找回遺失的美好，讓社會依循正軌，從道而行！揭櫫道德倫理規範或能濟扶亂世，發覺心靈力量，或成社會風尚的中流砥柱。

中國傳統思想講究天人之際、通古今之變，強調道德倫理的實踐性，做為儒家學說精髓的仁、義、禮、智、信五常之德，歷來均受到社會高度的重視，也是中國價值體系最核心的部分，貫穿中華倫理的發展，並被宗教界援引、轉化，成為儒、釋、道共奉的教義與準則。

三國時期的關公，以其個人英雄風範、忠義雙全的形象與講唱文學、民間傳說的大力渲染及傳播下，逐漸神化，終至成為民眾共同遵奉的關聖帝君，其所代表投射的正是民眾對倫理道德五常之德的肯定，希冀藉由關公典範群倫的形象來導正社會風氣、提振倫理道德，建立富而好禮的理想社會。

做為社會倫理道德防線的仁、義、禮、智、信五常，隨著時代的演變，在各家的立論與詮釋下，內涵愈趨精博、詳實，體系益趨完備。中華關公信仰研究學會將關聖帝君信仰核心的五常德重新加以詮釋，將人世間視為修行、鍛鍊的場所，強調仁是追求法喜的身體健康，義是創造通達的人際關係，禮是經營和諧的圓滿家庭，智是建立利益眾生的事業，信是實現精勤的人生理想，因此五常化為人生所追求的健康、人際、家庭、事業、成長等五大面向，同時更揭櫫了法喜、通達、和諧圓滿、利益眾生、持續精進的奮鬥修為方向。

其要旨在於通過對仁的實踐，讓內心充滿付出後反饋的幸福感，達到類似天人合一的高妙經驗，藉由心理影響生理，身心靈的合一，讓身體更健康。而義則是正正當當、合宜的舉止，是待人處世的根本，通過對義的實踐，表現恰如其分的舉止，讓人際關係更通達。而對家人以禮相待、彼此互相尊重，正可避免家人相處因過份親暱失去了分際，家庭關係將更和諧、更圓滿。

智則在告訴我們：從事工作、經營事業，不能一味追求利潤極大化，未顧及社會責任，短視近利，終將被市場淘汰，需建立利益眾生的事業，受到顧客肯定，企業才能永續經營、基業長青。

而信則是最核心的關鍵，人人都有追求成長、自我實現的需求，講求誠信，誠實面對自己，時刻砥礪自己，在仁、義、禮、智各方面都能日日精進、時時成長，成為一個更好的自己，並以此做為人生努力奮鬥的目標。

由此可知，中華關公信仰研究學會對五常德的詮釋是落實在人間，強調舉手投足、日常生活即可踐履，凡普羅大眾均可輕易實踐，不僅是內在心性行為綱常的指引，更蘊藏著外在真實生活的圓融法要，是人類生命當中最為根本且最為重要的一種生活指導。它透過入世修道的生活方式，強調安身立命無須遠離外求，只要心懷誠信、善念，發覺心靈的力量，依循五常的實踐策略，行五常聖賢之道，自能自在圓融，找到人生的桃花源，消弭社會亂象。

所謂聖凡雙修、超凡入聖，達到人間聖賢的境界，世界即是大同。

以關公為導師、邁向人生聖境

龍津國小校長　賴朝暉

11月15日星期日這天，早早就答應陳芊妘校長的邀請，出席參加中華關公信仰研究學會和勤益科技大學所舉辦的聖凡雙修的生活方式實踐策略論壇的研討會。

關公〈忠義〉的精神，自千古以來就是人們所供奉膜拜的精神導師，更是心靈道德的指引和典範。在兩岸三地有很多的商人、檢警、司法人員等都奉祀關公。

我是客家人，自小家裡廳堂上供俸的就是關公讀春秋的神像，和一尊紅面的關公雕像；再說東勢下新里(庄)老家的地方信仰中心善教堂，關公也是供奉的主神之一。可見關公信仰是華人社會，深植人心的道德信仰跟守護神，關公忠義精神，忠肝義膽，為世人所景仰、所學習、所效法，更是為人處世，做人做事的規範。

關公的五常德，涵蓋了：仁，追求法喜的身體健康；義，創造通達的人際關係；禮，經營和諧的圓滿家庭；智，建立利益眾生的事業；信，實現精勤的人生理想。這五項德目，從它們的進程跟步驟來審視，涵蓋個人、家庭、人際、事業到整個人生，從一個人的身心靈健全發展，到和諧美滿幸福家庭的建立，再到良好的人際關係跟永續創新事業的經營，最後以精進和勤勞的德行，來努力完成實踐，是有方向、有步驟，同時也是循序漸進的作為。從一個人的自己、到兩人世界、到更多人的群體社會、國家、人脈、事業等，這和「一室之不治，何以天下國家為？」、「修身、齊家、治國、平天下」，由小而大，從近到遠，一步步努力拓展深化的方式，有相同的意涵。

再者，它所揭櫫追求的德行理想：法喜、通達、和諧圓滿、利益眾生、精勤，這些品德修養的境界高遠超凡，它也可說是真、善、美，進而達到聖的境域。這並不是一件簡單的事情，更不是一蹴可幾的，多少修士同修終生追求奉行，即使時時刻刻惕勵力行，也不一定能夠達成。縱然如此，但我們可以把它們，當作德行的願景和終生追求的指引和明燈，引導我們的日常生活，一言一行，一舉一動，朝此方向去努力、去踐履，這樣即使無法達到聖的境界，至少在人生的路上不會走偏、走錯了，而是朝聖潔美好正確的方向前進。

更進一步來看，五常德仁義禮智信，它所追求和涵蓋的面向相當廣泛，整體而言，它所追求的是一個全人、和諧、圓融、完滿的人生，也是一個全方位多面向全面平衡的人生境界。這讓我聯想到，它和心理學家馬斯洛的自我實現理論、有相同的逸趣，人生的需求，從最低階的生理物質生活層次獲得滿足之後，會慢慢的進而追求更高層次心理層面，精神上的喜樂與滿足，例如，安全、愛與隸屬、自尊、認知與瞭解、美感、自我實現，甚至於到超自我實現階段的追求，進而體悟高峰經驗、享受內心法喜的快樂。入聖不也就是達到自我實現、超自我實現的境界，獲得高峰經驗，是相當、相當不容易的。

「生命有限，知識無涯，聖的修行又是不斷精進，不停歇，無止境的」，不禁讓人感慨，以有限去追逐無限，那豈不是沒完沒了嗎？我只是一介凡夫俗子，此生的歲月短暫有限，與其說要聖凡雙修，達到聖人的修為，實在是力有不逮。所幸，品格道德的培養修為，是一輩子的事情，我們可以做的、所能做的，是把關公的五常德的聖德懿行，當作我們日常生活、精神品格修煉精進的典範、楷模和引領，奉為圭臬準繩，不斷的去努力學習，修正提升，惕勵自勉，期許自己能夠超脫凡俗，去除人性中的惰性與劣根性，擺脫社會的黑暗面，邁向聖境，「超凡入聖」的光明道路，以關公作為自己心靈導師，不斷砥礪自己朝這方向去踐履、深化。

德性的提升淬鍊，需要不時的反思內省，檢視自己言行舉止，或許就像用撲滿存錢、滴水穿石一般，短時間不見其增長與功效，但日積月累下來，必有可觀。願大家同努力，共勉之——！

聖凡雙修的生活方式和實踐策略

汝鎏國小前校長　劉明增

年初之際榮幸受邀參加「聖凡雙修的生活方式」實踐策略論壇，因疫情影響延後，原本以為最後可能會因而取消，想不到學會仍堅持本論壇的初衷，發揚「仁義禮智信」的精神，在年中就以手機及多元方式通知更動日期，甚至親自誠意致上邀請，真的備受尊重，自己還頗覺不好意思呢！今日參與盛會因分組座談為「信」組，主辦單位-中華關公信仰研究學會克服疫情影響順利舉行，本身就是信字的忠誠實踐者。此外從邀請、開幕、演講、分組座談內容及場地佈置，大小細節面面俱到，讓參與者受益良多。

分組座談主持人姜教授學養俱佳談吐幽默，將與會者內容歸納聚焦在信的生活實踐，座談之始，教授提及可分享生活中最難忘的誠信經驗，勾起我二十年前刻骨銘心的一段⋯

生死前的承諾，終於能在八年後兌現，轉振了職涯生活，懷抱幸福家庭

我敬愛的父親是位盡職用心的國小教師，家教嚴厲以身作則。重視禮教，對課業成績雖然注重即使考差了也很少責打，但若是規矩不好，則怒言警告甚至重罰。記得國小三年級上學時，就

因為我不理會小弟對我的出門招呼，不巧被父親看到了，當場打得我小腿紅腫多處，那時候是夏天穿短褲，全班都知道我被爸爸狠狠修理。這件事讓我牢記招呼禮節，不敢對人怠慢。敬畏心讓我和父親間的話一直不多，直到就讀師專才多了一份親切的感覺。

就讀師專後，因為父子的所學相同話題多了起來。尤其自台北遷調至台中，重溫了小時候父子檔在網球場共同奔馳、打球流汗的畫面，也讓我貼近觀察、學習父親做人處事與治校風格。父親待人不分職位真心誠懇做事用心盡責。我從師專畢業後，父親以四十五歲高齡報考主任與三年後報考校長，分別以榜首與榜眼之姿順利考取，真是讓我折服不已，讓我見識他平日做事的踏實與做中得的智慧。

父親在五十五歲體能、智慧正值巔峰之際，因發現體重突然下降了近八公斤，就醫檢查竟是不治之症。當我看到父親離世前眼神突然翻白，醫護人員的搶救，生平從未有的悲痛不斷湧出，即使知道這將是無法避免的一刻，但仍然無力去面對與承受這份親子被硬生生剝離的重擊。父親生前一直期待我能報考校長，因為這會是客家人的驕傲，然而我一直以不適合為藉口，眼見父親即將離世，「子欲養而親不待」這樣的情境，讓我決定盡最後的一點孝心 免得留下終身的遺憾，當下向父親承諾一定考取校長。

八年後準備校長甄試，我清楚這件事不可再磋砣。訂定了讀書計畫、冷靜沈著、按部就班，白天如常工作，夜晚讀書則自勉能沈浸於入禪之境，規畫的策略進度，戰戰競競不敢輕忽懈怠。那段時間，每晚幾乎都會浮現對父親的承諾與他手勉家訓「體諒出身寒微、不敢予取予求」的畫面，一絲一絲的感受到父親不卑不亢的人生氣度與對兒子的期待，每當憶起總會禁不住的淚流盈眶，止不住那份無盡的思念。放榜之際我激動地直奔父親遺像前，跪地放聲大哭，爸！我考上了，做到了，謝謝您！

面對父子生死離別之際許下的承諾，原是自己無法盡孝而想讓父親生前對我工作的期待能有所放心，在天堂路上不再牽掛。想不到這份承諾實現後，在校長職務上的付出，認識了更多對教育無私支持的學區與社會愛心人士。他們有著共同特質：就是彼此不分薪水財富多寡、工作類別屬性，對弱勢孩子總是懷抱著積極性的關懷與同理心作法，是對孩子發自內心的鼓勵，而不是憐惜給糖，是肯定孩子的進步與努力成就，是真誠的讚美與尊重，是有智慧的可貴情操，人品態度自然地融入了五常內涵「仁、義、禮、智、信」。

他們的大器胸懷增益了我人生視野，對「幼吾幼以及人之幼」有了更深的醒悟，惕勵了自己對教育工作的使命與責任感。看到學校孩子們健康快樂有意義的學習，老師們的同心協力，家長社區的參與，感受到這是很幸福的正循環。因教育崗位職務轉換至校長，在接觸社會中更多「仁、義、禮、智、信」五常導師的耳濡目染下，這樣的法喜體驗，讓我有了更寬廣的人生觀，在學校服務、人際關係、家庭經營順遂中有了更康健的身體。父子二十年前生死前彼此雙手相握，許下的承諾誠信的兌現，在實踐過程中竟是讓我擁有更加豐富美滿的人生，這樣的生命軌跡真是奇妙指引。

最後，我非常感恩本論壇讓我參與也有機會分享這段努力完成承諾的體悟，讓人生低谷峰迴路轉有了柳暗花明之路，帶來工作與家庭更美好的人生，謝謝！

聖凡雙修是應時應運、符合潮流的修行

六寶國小校長 鮑瑤鋒

人活在世是必須重天道與人道，人道注重人際關係的和諧協調，也就是五倫，即父子、君臣、夫婦、長幼、朋友等五種人與人之關係，此五倫為人在社會生活中最基本之五種關係，中庸曰之為「天下之達道也」。父子有親、君臣有義、夫婦有別、長幼有序、朋友有信。儒家強調為人之道，《禮記・喪服小紀》：「親親、尊尊、長長、男女有別，人道之大者。」五倫關係和諧就可以建立社會秩序。

社會秩序一旦建立，和諧社會中若有眾生，受他人勸導而願意少量布施，布施時又內心歡喜，心無吝悔，以是因緣，未來生在人間，初時雖然捉襟見肘、生活貧苦，但日後還是能因善緣福報而過著富樂之生活。

若有眾生，喜好親近有德之士，聽其勸說而行布施，即生歡喜心，一生皆堅修布施善業，以是因緣，未來生在人間，初時即能過著富足安樂之生活，且日後一生依舊能得安康富樂。

布施者富，慳貪者貧，此乃『因果定律』，尤其當一個人身處逆境時，就常會心中暗忖思考，而多思考有所悟道則善心生，善心生即會量力為善，命運也就隨之改變也。

承先啟後效前賢、繼往開來聖道傳、清心寡慾得超然、認理歸真證真道。因此關聖帝君的聖凡雙修力行於生活中，『自覺』者對己而言也，人之生也。在五濁惡世之中，受一切習氣之薰染—只知有己，不知有人；只知親己親，而不知親人之親；只知愛己身，而不知愛人之身。是故，世界造成紛亂、貪污、鬥爭、殺害、戰爭，種種因緣皆由『自私自利』而引生來者也。然如何能『去妄去私』呢？其實亦唯秉『關公忠義精神』以去妄去私，去私去妄以存誠存真者，則謂之『自覺』。

心境入自覺階段，即能親其親，長其長，公而忘私，視人之親己親，視人之子為己子，民胞物與，四海一家，此皆屬自覺所得之聖凡雙修之境界。

『覺他』者，已在前段自覺內言及矣。即可謂為親疏不分，長幼無別，以己之覺而覺人之覺，以己之心而覺人之心，甚至捨己之身而度人，捨己之物而予人，必須做到『物我兩忘』，完全皆能先為人著想而後己。不僅如此，尚須用五常之倫聖凡兼顧，福慧雙修。以彼之得度，勝於吾之得度；以彼之往生，勝於吾之往生。以彼之先於吾之成就聖人之德，吾將步隨其後，願力之大，無與比倫，此所謂先求人成，而後再求己成者也，謂之：『覺他』。誰曰不宜，殊乃人格之完美、人之真善美也。

道德經曰：『上善若水，庶幾於道。』此以水喻道，幾近於道，故水之美德，上善者也！

其次以儒家觀點而言，茲舉子貢與孔子之對話以揭示如下。子貢問孔子曰：『夫子見大川，必觀之，何也？』子曰：『水者比君子之德也！』偏與之而無私、似德；所及者生、似仁；其流行痺下，含污納垢而不棄、似忍；曲折循理、似義也；赴百仞而不懼，似勇；含垢以入，潔淨以出，似善化；量必平，似正；盈不求根元，似厲，堅貞不貪求也。

又以水之特性而言，用刀斬之，斬不斷，且不留痕跡，此其堅忍不拔之特性也。又水非流注入大海誓不停，不達目的絕不終止也。

日本八田與一其人是一位水利工程師，彼在南台灣築嘉南大圳，係一座亞洲所建最大水利工程，俾其水得以灌溉十五萬公頃廣闊之土地，使稻穀收穫由一年一期改為三期，一手將嘉南平原變為富庶之地，其豐功偉業令人讚歎！後人為感念其德澤，立碑雕像以誌念其對台灣所做偉大之貢獻，堪稱史上一流，無與倫比。

再如印度之恒河，印人不論貴賤跳入河中，得洗淨其在世塵垢污穢，並藉以祈求能夠今生今世脫胎換骨，或換來來日好運；又如泰國潑水節之禮儀年年舉辦，似亦可做如是以觀之耳。

總上所言，老子譽之為上善，孔子則讚而比之為君子之德，所謂「無凡不養聖」，借重凡業成就聖業；又說「超凡入聖」，入聖可超凡，有聖業的不朽，才顯出凡業的不凡。故而聖凡雙修在人生修持中是不可偏廢。聖凡雙修是應時應運、符合時代潮流之修行方式，也是關公忠義精神的具體呈現；事業上、家庭上、修道場上各個角色，如何落實而獲得成功，關鍵在自己如何調配；

調配得宜，就能聖凡雙修，調配不當，可能就會有障礙，甚至會產生不良的影響。

自己的生命方向、歷程、情緒、承諾……等。想要創造怎樣的人生，就得自己掌握；要開展怎樣的歷程，自己要規劃，不要受環境或他人的影響，聖人轉萬物，凡人受萬物轉。另外，要管理好自己的情緒，不要受外在影響。也不要因些小事不公平，就生氣，人生若要追求公平，一定常常不快樂，但求盡心就是了。所以一旦下定決心，就不受旁人的刺激考驗、挫折打擊，還是勇往直前，永不變志。釋迦牟尼佛、耶穌基督，五教聖人都是如此。

外在的事件無法改變，能改變的是內在的反應，快樂不是擁有多少外在，而是要有內在的幸福感，內在沒有感覺，外在擁有再多也是枉然。內在有一個寶藏，挖到什麼就有什麼，往內求，就是往大家都相同的方向走，往內在大家都一樣，才會有大同世界、一家人的感覺；往外求，是往差異的方向走，像外表，沒有人長得一模一樣的，生活習慣也不一樣，不要要求牙膏一定要從那邊擠，花草樹木也沒有長得同一模樣的。往外求，問題就多，但往內追求，就平和。

我們都是來自同一個地方，所謂同理心；同理就沒有煩惱，分別才有煩惱，人跟人會過不去，手與腳不會過不去，手不會欺負腳，它們包容協調性很強，所以，當我們看到每一個人都與我們同理時，那就沒有討厭的人，這個觀念可以治癒不和諧的人際關係、破碎的家庭、混亂的社會，甚至達到世界一家的境界。

經營和諧的圓滿家庭～大家一起來

黎明國小校長　徐大偉

個人有幸受邀參與中華關公信仰學會所主辦之『聖凡雙修的生活方式』實踐論壇，上午場透過五位教授分別針對仁、義、禮、智、信的實踐策略，提出精闢的論點與分享；下午場是進行分組討論，個人參加『禮』的實踐策略：經營和諧的圓滿家庭，討論過程中經由劉福鎔教授擔任主持、引導大家聚焦思考，許多教育先進均提出具有建設性的看法，個人受益匪淺，以下亦就個人的心得與大家分享：

一、人生價值的核心：以仁與禮為中心

孔子發現禮的根本是『仁』，而以其為人生價值的核心，仁指的就是我們的一顆心，是人與人，乃至於人與萬物相接觸時，自然發生的溫情厚意，也是使生命有意義有光彩的根本。

孔子想要超越現有制度，找出理想制度的人性基礎與人類文化的真正意義，其理想的制度及古代所謂的『禮』，則應因時制宜，來體現仁的精神。因此孔子所教以仁與禮為中心，仁就內心言，

禮就合宜的待人接物的方式與合理的倫理制度言。為人若能實踐仁與禮，則心中悅樂，且此悅樂之感受，不能自已，所以發而為音樂與藝術。

二、制度與文化應與時俱進，但核心價值不變

隨著科技的進步，經濟的繁榮，文化思想的多元，現代家庭已迥異於傳統家庭的面貌。現代人必須有現代的制度和文化，制度與文化雖然應與時俱進，但本於人性的基本道理中不可廢。現代的家庭結構與型態一直在改變中，無論是傳統的家庭或是非傳統的家庭，有其變與不變之處，從人性面及文化層次來說，有些家庭的核心價值是不變的，儘管目前的家庭型態，及結構是多元的，我們一方面要尊重多元價值的聲音，但卻不能不捍衛家庭的核心價值的存在。

三、家庭是教育的中心

從心理學來說，家庭仍是教育的中心，對一個人影響最長久而深遠。人與父母的關係決定了他與這個世界的基本關係，同時仁與父母的相處模式，也通常決定了他與這個世界的相處模式。如果孩子無法從父母中得到足夠的關愛，終其一生都難免有一種不安之感，生命與心靈難以安頓。人生如果沒有愛，將是一片荒蕪，愛起源於家庭生活，因此，中國古人在五倫裡特別強調父子、

夫婦與兄弟，逐漸擴大至對天地萬物都能產生深厚的情感。

四、台灣仍重視情感性孝道、家庭的情感價值

個人在國小服務多年，發現校園中單親家庭、隔代教養家庭、繼親家庭、同性家庭等越來越多、少子女化的現象越來越嚴重，今年(2020)台灣也已正式進入生不如死的年代(出生率少於死亡率)，凡此種種，莫不挑戰現有的家庭關係、結構與家庭功能。

根據學者朱瑞玲（1993）的研究，認為台灣地區的家庭倫理變遷現象，對傳統性價值的保存仍有肯定的態度，仍然重視情感性孝道、家庭的情感價值，因為人們最希望擁有的還是和諧的家庭和美滿的婚姻，同時也非常看重情感孝親的價值。

另之，在西方科技文化的衝擊下，現代父母必然接受較多的民主與平等的人權概念，在親子關係中減少傳統性的權威控制，不再視接受子女的奉養為天經地義。未來的家庭型態必然趨向多元化，社會結構變遷的結果，仍然存有觀念與行為之間改變速度的差距，如何融合東西方文化的差異，從文化的本質著手，也就是傳統的再認識，華人的家庭倫理及其心理與行為機制才能加以解釋（章英華，1993、2001）。

五、和諧圓滿的家庭具體實踐途徑

和諧圓滿的家庭需要家庭成員的齊心努力才會達致成果，家庭經營中涵容「禮」的本質內涵，藉之創造和諧的關係，個人從下列幾個面向提出一些方法，促進家庭關係圓滿和諧：

（一）個人層面：父母是孩子的人生導師，教育孩子學習如何與人溝通、傾聽、同理，除了滿足個人的需求，亦要尊重他人的權益與需求，相互理解與包容，父母以身作則，讓孩子在愛與陪伴的友善環境中成長，健全孩子人格發展。

（二）家庭層面：婚前接受適當的家庭教育的課程，了解婚姻與家庭正確經營，學會如何當稱職的父母、如何陪伴孩子、教養孩子、關心與傾聽孩子的需求，給予適當管教與生活照護，有正確的家人互動模式與溝通方式。

（三）學校層面：學校重視學生核心價值的傳遞，透過情感教育、品格教育、生命教育等課程、活動、教學，採取各種媒材、教材、教具，深入淺出地從小紮根，並努力實踐於日常生活中。

（四）社會層面：關公是華人社會普遍信仰的神祇～例如：中華關公信仰學會強調聖凡雙修的生活方式，對於家庭的建構與經營非常重視，強調仁、義、禮、智、信～五常德，認為讓生命圓滿的最好方法，就是落實五常德的生活方式，而將之實踐於家庭經營，就是以「禮」來經營和諧圓滿的家庭。我們可透過民間組織力量的協助，深入社區，讓時下年輕人擁有正確的家庭價值觀念，並採取有效的具體策略深入民間的生活層面，最後形成不斷實踐的行動，產生善的循環與正向影響生活的方式，讓家庭關係更美好。

（五）國家層面：政府針對民眾的需求與國家發展，制定正確的政策，讓人民安居樂業，國家經濟發展，人民富而好禮，每個家庭才有堅實安定的基礎，全民家庭自然較多健全。古人云：「齊家、治國、平天下」，隨社會的變遷與發展，要使一般家庭在變遷的社會中，能夠瞭解變遷的情況，做比較健康、良好的適應，才能使家庭原有的功能，得以充分發揮，雖然眼前還有一些困難尚須克服，只要大家一起努力，相信和諧圓滿的家庭就能具體的實踐！

參考文獻

朱瑞玲（1993）。親子關係的現代化。1993年中國現代化研討會論文。台北：促進中國現代化學術研究基金會。

章英華（1993）。家戶組成與家庭價值的變遷：台灣的例子。1993年第四屆現代化與中國文化研討會論文。香港中文大學社會科學院、北京大學社會學人類學研究所。

章英華（2001）。華人家庭動態資料庫簡介。2001年華人家庭動態資料庫學術研討會論文。台北：中央研究院經濟學研究所。

五常德，是學生帶得走的生活素養

復興國小校長　許坤富

關聖帝君在民間信仰裡是個耳熟能詳的名字，其具義博雲天、待人以誠、忠於朋友、有仁有義的處世態度一直為後世所稱頌，個人有幸參加中華關公信仰研究學會所舉辦的「聖凡雙修的生活方式實踐策略論壇」，除了認識關公文化的「仁義禮智信」五常德之外，更聽取到與會學者們精闢立論，如何將五常德具體轉化在生活中來實踐，是此次參與論壇最大的收獲。

在生活中，常感覺現在的輿論媒體、政論節目多有負面報導與巧辯攻詰之論，反映在社會事件上經常可見：因個人行為言語引發暴力衝突；家庭成員關係緊張，經濟上一味要求索討；朋友間以情感勒索，稍有不滿即背信忘義；對社會福利認為理所當然予取予求。造成個人重私利高於公益，處處可見充滿怨天尤人情緒、心懷暴戾之氣，人與人間互動溝通不良迭生障礙，社會上隨處瀰漫著不安躁動的情緒，這實與我們強調個人修養、家庭幸福、社會正義的理念悖離。

此外在教育現場也可發現，學校倫理道德科目取消改採融入式教學，授課論理時數變少，過去重視四維八德的學校教育也逐步受到傳統倫理道德解構的衝擊，而新的臺灣價值尚未建立共識，個人修身齊家的良好倫理規範則有賴重建。而關公文化強調群體性、共利性、共益性的倫理道德觀，從兼愛擴大到博愛，此種大義大愛，正可作為社會互動的一個良好基礎，尤其五常德展現在生活中的實踐作為，更是輔助學校推動品德教育典範、啟發、激勵、體驗的一個具體方向。

本次論壇中發表「五常德」在生活中的具體實踐，是透過在生活人際實在發生的問題，以具體的實踐策略來啟發倫理意識，過程中能自我察覺與社會互動，從個人的身體健康、和諧的家庭到，能與他人建立通達的人際關係，到成就利益眾生的事業，以實現精勤人生理想。

這與現今十二年國教新課綱的整體課程目標相契合，例如新課綱的總體課程目標「啟發生命潛能」，要讓學生願意以積極的態度、持續的動力進行探索與學習，從而體驗學習的喜悅，增益自我價值感，這就是五常德中「仁」與「智」的應用；「陶養生活知能」，在培養學生適切溝通與表達，重視人際包容、團隊合作、社會互動，以適應社會生活，是五常德中「禮」與「義」的具體表現；「促進生涯發展」，在導引學生適性發展、盡展所長，且學會如何學習，陶冶終身學習的意願，奠定學術研究或專業技術的基礎，並建立「尊嚴勞動」的觀念，這與五常德中的「智」意相合；「涵育公民責任」，是以厚植民主素養、法治觀念、人權理念、道德勇氣、社區／部落意識、國家認同，並學會自我負責，進而尊重多元文化與族群差異，追求社會正義，正是五常德中「義」與「信」的行動目標。

綜上，以身為教育者的角度來看，學校在新課綱的課程任務中，若能結合推動五常美德在生活中來具體實踐，當能引導孩子如何與自我、他人、世界和諧共處並促進社會公平正義，也是一種讓學生能適應現在生活及面對未來挑戰，所應具備的知識、能力與態度，也正與十二年國教課綱強調「自發、互動、共好」的理念及強調培養「自主行動」、「溝通互動」、「社會參與」的核心素養是一致的。名作家海明威曾讚美說：巴黎生活為一段可帶走的盛宴。引申於此，關公的五常德在生活中的實踐，是讓學生可帶得走的生活素養。

就讓學校教育與社會教育攜手並進，發揚五常德理念，培養學生建立人生以服務為目的的利他精神，追求對全人世界的關懷，以成就圓滿的人生。

中華傳統美德、百善孝為先

龍峰國小校長 張素蓉

百孝經：「天地重孝孝當先，一個孝字全家安。孝順能生孝順子，孝順子弟必明賢⋯」。孝道是中華民族五千年固有的傳統美德，是人道第一步，也是為人的根本。自古以來，孝道為治世之經，立身之本。忠臣出於孝悌之門，聖人以孝治天下，論齊家或治國之道，總是先要從孝順做起，百善孝為先。

所謂子孝家和樂，家和萬事興，烏鴉有反哺之恩，羔羊有跪乳之義，樹欲靜而風不止，子欲養而親不在。人要能以對待兒女之心來對待父母，這才是真孝子。然因現在受到西方文化的衝擊及少子化現象加劇。年輕一代對孝道的落實及觀念也漸式微。因此，更必須透過教育以身作則來建立好的生活規範及社會風氣。那該如何來做呢？

一、不毀傷：

「身體髮膚受之父母，不敢毀傷，孝之始也」。也就是保全身體之健康完整是孝順的開始。

這包含生理面及精神面，保健身體不生病，不為非作歹，不逞強鬥狠，使父母安心快樂，是孝道最起碼的條件。若能名聲顯揚，使父母得到榮耀，這又是孝道較高的境界。

二、懂尊敬：

越簡單的事情，越難落實執行。為人子盡孝道，除了食衣住行給父母親滿足之外，更重要的是對父母親要和顏悅色。百孝經：「孝道不獨講吃穿，孝道貴在心中孝，孝親親責莫回言」。這看似簡單的事情，卻常因生活在一起，意見或價值觀的摩擦，稍一不慎就會產生言語上的衝突。因此，孝親就是要親「笑」，在精神上使父母親快樂是最實在的。

三、能分憂：

歷史上有名的孝子周朝的老萊子，七十歲了還常常裝扮成嬰孩穿五色斑斕衣服娛樂父母親。這是以委婉愉悅之容色來服事承順父母親，讓父母親感覺快樂。我們雖不需效法老萊子的做法，但我們學習他的精神及態度。百孝經：「孝在心孝不在貌，孝貴實行不在言」，遇到辛苦的事情，做兒女的應該替父母親分憂代勞，減少父母的操勞與擔憂。

四、要和言：

父母親的意見和想法，如果跟時代背道而馳或與義理不合時，不可一味盲從，應該婉轉勸導，以免陷父母親於不義。在勸告父母改正錯誤時態度不可強硬，要和順柔聲，不可違拗。兄弟姐妹間要和睦相處，不爭吵計較，不讓父母親為難「忍讓二字把孝全」。「孝從難處見真孝，孝容滿面承親顏」，不同意見要等到父母心平氣和，氣氛快樂的時候，再加以勸告。

五、尊禮法：

孝道不只父母親在世時要遵行，父母過世也要遵行應盡的禮法。老人家會在意他不在人世時，後代子孫是否能追念著他。因此一些合乎「慎終追遠」理法的，養生送死了無遺憾。孔子云：「入則孝，出則弟。」孝是一個人的本能，在何等情況下都不可丟棄。

「百善孝為先」，生活中其實孝順並沒有那麼複雜，給父母端上一杯自己沏的熱茶，一句最簡單的問候，陪父母度過在家的時光。孝的落實其實就在我們的生活中的點點滴滴。孝的落實，就從你我開始，關注生活中的片段，用細小的行為盡孝，安撫父母，感動他人，讓中華民族傳統的美德得以傳承並溫暖世界。

附錄三

聖凡雙修的生活方式

實踐策略學術論壇 照片集錦

附錄三

聖凡雙修的生活方式實踐策略學術論壇 照片集錦

分組討論（仁）

分組討論（信）

分組討論（智）

分組討論（義）

分組討論（禮）

學術論壇

聖凡雙修的生活方式

《實踐策略學術論壇》

社會多元、價値觀混淆、家庭功能式微，導致生活嚴重失序，社會問題層出不窮，爲尋求提供此一世代可依循實踐的生活方式，期能透過學術討論、演講、展覽等活動，提供正確方法，再造一個安康幸福的社會。

國曆109年

11月15日 星期日

朝陽科技大學創新育成中心
3樓國際會議廳

主辦單位：中華關公信仰研究學會
中華玉線玄門真宗教會
承辦單位：國立勤益科技大學
協辦單位：朝陽科技大學
歡迎各級校長 、所有貴賓熱情與會

計劃主持人：黃士嘉副教授

邀請學者：

■宋孟遠博士・教授
國立勤益科技大學體育室主任
撰稿及與談主題：「仁」的實踐策略--追求法喜的身體健康

■陳世穎博士・校長
臺中市立四德國小校長
撰稿及與談主題：「義」的實踐策略--創造通達的人際關係

■劉福鎔博士・校長
臺中市立台中家商校長
撰稿及與談主題：「禮」的實踐策略--經營和諧的圓滿家庭

■龔昶元博士・教授
國立臺中教育大學國際企業系創系主任
撰稿及與談主題：「智」的實踐策略--建立利益衆生的事業

■姜得勝博士・教授
國立嘉義大學教育系主任
撰稿及與談主題：「信」的實踐策略--實現精勤的人生理想

後記　五常德教義學術論壇　活動執行感言

計畫主持人：黃士嘉
國立勤益科技大學文化創意事業系副教授

「聖凡雙修的生活方式」實踐策略論壇暨專書出版稿件彙整之研究，是國立勤益科技大學文化創意事業系與中華玉線玄門真宗教會及中華關公信仰研究學會首度合作的產學計畫。原訂執行期間自109年1月2日起至109年10月30日止，且已規劃109年4月18日假國立勤益科技大學圖書資訊館6樓國際會議廳舉辦學術論壇，109年底論壇專書必須出版，惟因新冠肺炎疫情的攪擾，遂延期至109年11月15日始得圓滿舉辦論壇，亦因此專書的出版有所延宕。

回顧這一年來的籌備歷程，大約是在108年底，某個天氣爽朗的冬天下午，陳世穎校長引見中華玉線玄門真宗教會教尊、中華關公信仰研究學會蔡會長，以及陳芊妘校長，希望就關聖帝君五常德精神的學術化與現代化進行討論，一番暢談之後，遂有「聖凡雙修的生活方式」實踐策略論壇舉辦之初步構想。由於首度合作，各種機制均未建立，幸而有賴合作雙方秉持著發揚關聖帝君五常德精神的前提之下，摒除一切困難與定見，彼此細心、耐心、不斷地多次協調和討論，終能建立彼此的合作共識，共同努力完成這項關聖帝君交付予合作雙方的重要任務。

有了論壇舉辦的初步想法，因此就「仁、義、禮、智、信」五常德，分別敦請學有專精的學術界好友，共襄盛舉，進行分工安排。五位教授，皆於各該領域耕耘多年，且有豐富的實務經驗，均獲得教尊、蔡會長及諸位工作夥伴一致高度認同，實屬不做二人想的一時之選。

宋孟遠教授：「仁」的實踐策略——追求法喜的身體健康

陳世穎教授：「義」的實踐策略——創造通達的人際關係

劉福鎔教授：「禮」的實踐策略——經營和諧的圓滿家庭

龔昶元教授：「智」的實踐策略——建立利益眾生的事業

姜得勝教授：「信」的實踐策略——實現精勤的人生理想

在籌備論壇的過程中，除了工作同仁的行政作業賡續推展以外，最重要的、核心的任務，就是五位教授必須完成論壇稿件，做為論壇與會人員的討論綱本。類此性質的學術論壇，在國內學術界極為罕見，應當屬首度舉辦，五位教授亦未曾有類似的撰稿經驗，因此多次與計畫主持人討論撰稿的架構與內容。透過多次的溝通探討，亦承蒙教尊極其尊重五位教授的專業能力，並適時提供相關文宣資料，給予教授撰稿歷程相當實際的支持和資源。

論壇舉辦當日，五位教授的專業展現及其弘揚關聖帝君五常德精神的高度熱情，深獲教尊及工作夥伴，以及與會各中小學校長的讚賞。豐富的主題論壇，五位教授依序進行各自領域的專題報告，分組討論時間，五位教授分別帶領「仁、義、禮、智、信」五組，進行更為深入的討論。分組討論的成果報告，每組均遴派校長報告分組討論的重大成果，亦獲得相當熱烈的迴響。

本次「聖凡雙修的生活方式」實踐策略論壇之舉辦，是一項別開生面，同時匯聚宗教能量與學術專業的創新活動模式，對於開展關聖帝君五常德精神的弘揚之路，無疑是一重要的里程碑。論壇得以順利圓滿、達成任務，實賴中華玉線玄門真宗教會教尊、中華關公信仰研究學會蔡會長的鼎力支持，以及在這過程眾多工作夥伴提供各項協助，還要感謝台中市東勢高工校長周文松、台中市后里國小校長陳良益、台中市龍津國小校長賴朝暉、台中市復興國小校長許坤富、台中市光正國小校長阮志偉、台中市廍子國小校長張榮林、台中市龍山國小校長吳長益、台中市龍峰國小校長張素蓉、台中市瑞峰國小校長蘇世昌、台中市僑仁國小校長李新揚、台中市惠文國小校長李源昇、台中市中華國小校長蔡文標、台中市鹿峰國小校長黃美玲、台中市三光國小校長蘇麗娜、台中市黎明國小校長徐大偉、台中市六寶國小校長鮑瑤峰、台中市梧棲國小校長吳金銅、台中市吉峰國小校長林雅盛、台中市崑山國小校長蘇啟明、台中市車籠埔國小校長包沛然、台中市美群國小校長葉中雄、台中市中科國小校長顏福南、台中市豐原國小前校長陳淑楚、台中市福陽國小校長黃哲偉、台中市峰谷國小校長錢得龍、台中市桐林國小校長姜韻梅、台中市汝鎏國小前校長劉明增、台中市東平國小前校長林金標、台中市永隆國小前校長蔡淑娟、台中市國光國小校長趙祝凌、台中市龍峰國小前校長陳芊妘等31位各高國中小學校長們的熱情參與，值此論壇專書出版前夕，謹以計畫主持人之職，向大家致上十二萬分的謝意！

一本「跨學科、跨校際」的宗教學術專著

深化扶鸞的學術底蘊．神聖與世俗的中介者

在宗教意義上探討「飛鸞開化」的神聖經典模式，對於我們理解華人的經典與教化，有著重要的意義。要了解傳統「經典」的概念與這種「飛鸞開化」的神聖經典有何種根本性的不同，必需去追索「飛鸞開化」的神聖經典的歷史根源，進而分析這些經典內容，探討士人如何從不同的歷史脈絡，為這些「飛鸞開化」的神聖經典，賦予「教化」內涵，讓經典具有廣為傳布而教化人心的功能；同時思考經典中顯化、修行、傳道等宗教典範的模式與概念，更深刻理解中國宗教的核心意涵。

國家圖書館出版品預行編目資料

關聖帝君的救贖誓願 / 陳桂興主編.
－－第一版－－臺北市：宇河文化 出版；
紅螞蟻圖書發行，2021.6
面 ； 公分－－(玄門真宗；9)
ISBN 978-986-456-322-7（精裝）

1.修身 2.生活指導

192.1 110005269

玄門真宗 9

關聖帝君的救贖誓願

主　　編／陳桂興
發 行 人／賴秀珍
總 編 輯／何南輝
責任編輯／安燁
校對整理／陳芊妘、柯貞如
美術構成／沙海潛行
出　　版／宇河文化出版有限公司
發　　行／紅螞蟻圖書有限公司
地　　址／台北市內湖區舊宗路二段121巷19號(紅螞蟻資訊大樓)
網　　站／www.e-redant.com
郵撥帳號／1604621-1　紅螞蟻圖書有限公司
電　　話／(02)2795-3656（代表號）
傳　　真／(02)2795-4100
登 記 證／局版北市業字第1446號
法律顧問／許晏賓律師
印 刷 廠／卡樂彩色製版印刷有限公司
出版日期／2021年 6 月　第一版第一刷

定價 380 元　港幣 127 元

ISBN 978-986-456-322-7 Printed in Taiwan